COUNTRY ROCK

COUNTRY ROCK

Eduardo Izquierdo

MA
NON
TROPPO

MA
NON
TROPPO

Un sello de Redbook ediciones
Indústria 11 (Pol. Ind. Buvisa)
08329 Teià (Barcelona)
info@redbookediciones.com
www.redbookediciones.com

© 2016, Eduardo Izquierdo Cabrera
© 2016, Redbook Ediciones, s. l., Barcelona

Diseño de cubierta e interior: Regina Richling

ISBN: 978-84-945961-2-4

Depósito legal: B-20.768-2016

Impreso por Sagrafic,
Plaza Urquinaona 14, 7º-3ª
08010 Barcelona

Impreso en España - *Printed in Spain*

A la memoria de Merle Haggard, Guy Clark y Glenn Frey,
fallecidos durante la realización de este libro.

Índice

Introducción
Yee haw!

Puede parecer que escribir un volumen de la historia del country rock es tarea más sencilla que hacerlo sobre otros géneros como el blues, el soul o el rock and roll. Aparentemente nos encontramos ante un estilo mucho más delimitado y eso siempre facilita las cosas. Pero es cuestión de ponerse manos a la obra, investigar y recopilar información para darse cuenta de que la cosa no tiene nada de fácil, ni mucho menos. El country, y por ende el country rock, es un género con infinidad de subgéneros y ramificaciones que convierte la delimitación en un trabajo prácticamente imposible. No en vano, en los trabajos previos a escribir esta guía, servidor se encontró con que el archivo que recogía los nombres de los artistas que se me antojaban imprescindibles de aparecer en la misma se elevaba a la friolera de 1203 solistas y grupos. No, no se asusten. Eso no es lo que van a encontrar en las siguientes páginas. En ellas se recogen simplemente aquellos que por motivos absolutamente subjetivos he considerado que debían quedarse en la criba final. Ya sea por influencia histórica, por relevancia seminal, por representatividad de un determinado tiempo o un lugar o, simplemente, por gusto personal. Porque sí señores. Todas las listas son tremendamente subjetivas y si no me creen lean *Alta Fidelidad* de Nick Hornby y entenderán de qué va esto. O ya se lo explico yo. Va de que probablemente les será fácil hacer una amplia lista de los que no están y los que deberían, y hasta probablemente de los que sobran, aunque esta es más complicada. Porque la cosa va de eso. Para incluir un artista hay que sacar otro de la lista y ahí es donde empiezan los problemas. Prueben y verán. Aunque yo si quieren les hecho una mano. No están Frankie Ballard, ni Jackson Browne, ni Red Foley, ni John Denver, ni Marty Robins, ni… Los motivos son tan diversos como las opiniones en contra, seguro. Pero ¿qué le vamos a hacer?

Por supuesto, la cosa no iba a quedarse ahí y esta guía del country rock es mucho más. Partiendo de los padres de cada género y subgénero, se ha

intentado (y espero que conseguido) trazar un mapa sonoro de un género esencial para la evolución de la música norteamericana en el siglo XX y
principios del XXI a través de las historias de muchos de sus protagonistas.
No limitándonos al conocimiento enciclopédico, sino intentando aportar
pinceladas de opinión crítica a sus carreras y sus discos. Persiguiendo entender a través de ello qué significan vocablos como bluegrass, Countrypolitan,
Nashville Sound o Outlaw Country, entre otros. Pero, además, también se
incluye un complicado y brevísimo (da para un libro completo) repaso his-
tórico, un pequeño glosario de términos básicos, una recomendación de los
50 discos esenciales del género de nuevo desde la subjetividad, y hasta un
pequeño apartado con la influencia de este estilo tan norteamericano en la
música patria.

El country, probablemente un género con el que se ha sido injusto fuera
de sus fronteras de nacimiento, es más que bailes en línea, botas camperas
y sombreros de cowboy. Muchas veces, la mayoría, es un estilo de vida y
una manera de entender las cosas. Muchos serán los que considerarán que
no se puede comparar su influencia a la del soul, el blues o el rockabilly
pero permítanme que disienta. No en vano, todos esos géneros han acabado
mestizándose con nuestro protagonista, y no siempre en la misma dirección.
El country ha buscado el roce con ellos pero a la inversa también ha pasado. Que no siempre va a ser el machote el que se vaya de ligue ¿He dicho
yo eso? Disculpen, porque si algo también se pretende en este volumen es
hacer entender que, lejos de lo que suele creerse, el country y por extensión
el country rock no es un género exclusivamente masculino. Que mujeres las
hay, y muy buenas, no solo en la historia sino también en la actualidad y que
son tan necesarias para el desarrollo del estilo como cualquiera de los hombres. Aunque quizá lo mejor es que en lugar de explicarles lo que contiene lo
comprueben ustedes mismos y luego, si acaso, ya hablamos. Yee haw!

1. Breve historia de un género enorme

Vaya por delante que resumir la historia de la música country en unas pocas páginas es una tarea absolutamente inalcanzable para cualquiera. Llena de recovecos y giros, y cargada de leyendas personales, la vida de un género como el country ha sufrido tantos cambios, nacimientos de subgéneros, evoluciones e involuciones que tener la osadía de intentar resumirla en unos cuantos vocablos se me antoja casi caricaturesco. Pero sí podemos intentar hacer una fotografía a lo que fue y lo que es hoy en día un estilo sobre el que muchos tienen una visión equivocada, quedándose a menudo en la superficie, para acabar denostando un género que no lo merece en absoluto y del que han surgido algunas de las figuras esenciales de la cultura de nuestro tiempo.

Primera generación: los inicios

Los orígenes de la música country hay que buscarlos mucho más allá de lo que podríamos pensar. En concreto cabe irse hasta la Europa de la Edad Media, en la que la figura del trovador era admirada por una sociedad con problemas de alfabetización que veía en aquellas historias contadas y cantadas uno de sus principales medios de divertimento y distracción. Aquellos trovadores evolucionaron hacia diversas formas de transmisión músico-literaria manteniendo siempre en común un rasgo innegociable: la necesidad de contar una historia acompañada de música. Cuando a finales del siglo XVIII casi 300.000 personas se habían trasladado del viejo al nuevo continente habían llevado con ellos, y como no podía ser de otra manera, sus costumbres y sus elementos culturales, con la música incluida entre ellos. Y uno de los elementos que exportaron fue el violín, importado a su vez por Gran Bretaña desde Italia. Esa será la principal aportación de los británicos a la música norteamericana y en concreto al futuro country. Pero también llegarían al nuevo mundo inmigrantes franceses, que se asentarían básicamente en Canadá y en el estado de Louisiana y cuya tradición, mezclada con la local, daría lugar al cajun, hoy considerado un subgénero del country.

Tampoco podemos obviar el esplendor de dos instrumentos claves, como el violín, para el nacimiento del country. Por un lado está el banjo, instrumento autóctono desarrollado en el siglo XIX en la propia Norteamérica y, por otro, la guitarra, que aunque de origen ancestral, vive un auge en cuanto a fabricación a principios del siglo XX convirtiéndose en el principal instrumento de acompañamiento para aquellos trabajadores que tienen ganas de explicar sus penurias a través de canciones. Para ello se reúnen con vecinos, amigos y conocidos llevando cada uno sus propios instrumentos y pasan las noches cantando y bebiendo alcohol ilegal. Eso llevó, incluso, a la aparición de auténticos narradores de noticias que, una vez más a imagen y semejanza de los antiguos trovadores, daban cuenta de las noticias que sucedían en el país a través de canciones. Su figura evolucionó hacia la del cantautor viajero, dedicado a ir de ciudad en ciudad y de pueblo en pueblo cantando canciones que trataban sobre temas de actualidad. El country ya es un hecho tomando el nombre, evidentemente, de la palabra país, tierra. Es la música del país, y no hay mejor definición.

Esencial para entender la asunción por parte de todos los ciudadanos de Estados Unidos del country como su música más autóctona es la aparición de la radio. El invento desarrollado por el italiano Guillermo Marconi se convertirá en la principal vía de transmisión de un género que convertirán a programas como el Grand Ole Opry, presentado por George H. Day y cuya primera emisión tiene lugar el 28 de noviembre de 1925, en auténticas misas paganas consiguiendo que las familias se agolpen alrededor de sus transmisores obsesionados con no perderse ni una sola edición. Nombres como los de Deford Bailey, The Monroe Brothers o The Delmore Brothers se convierten en auténticos ídolos de masas y la radio es la única culpable. Por ello no tardarán en aparecer sellos discográficos ávidos de aprovechar el momento y la incipiente aparición del tocadiscos en los hogares que se lo podían permitir.

Dos nombres destacarán por encima de todos a la hora de «adentrarse»en las casas de todo el país. Por un lado The Carter Family, integrada originalmente por el matrimonio formado por Alvin Pleasant Carter y su mujer Sara, a la que se une Maybelle, esposa del hermano de Alvin, Ezra. No es difícil encontrar por la red expertos que aseguran que la familia Carter dejó para la historia más de 200 canciones esenciales del country. En paralelo, otra figura emergió como esencial para la consolidación del country como la música nacional por excelencia, Jimmie Rodgers, un ex maquinista de tren que además se convirtió en uno de los primeros nombres en ser incluido en el Country Music Hall of Fame, una distinción otorgada a partir de entonces solo a los grandes del género.

Segunda generación: la Gran Depresión y sus consecuencias

El crack del 29 y la posterior llegada de la Gran Depresión tuvieron, por supuesto, efectos en la manera de consumir música. Muchas discográficas desaparecieron y otras redujeron sus lanzamientos ante la disminución también de la demanda por parte de unos consumidores que suficiente tenían con intentar sobrevivir. Eso convirtió a los programas y locutores de radio en auténticos gurús marcadores de tendencias y creadores de ídolos, mientras los Barn Dance (bailes de granero) en los que se bailaba música country se convirtieron en la principal oferta lúdica de los pueblos.

Otra forma de transmisión era, curiosamente, el cine. Cualquier cantante de country que quisiera ser reconocido no podía obviar la gran pantalla y nombres como los de Gene Autry o Roy Acuff se hicieron muy populares por su participación en películas, cosa que ayudó también a desarrollar un subgénero característico del country en el cine: el western swing.

En la década de los treinta, además, se producirá un hecho esencial para la posterior evolución del country hacia el country rock. Si durante años la batería había sido rechazada por los músicos del género al considerarla demasiado ruidosa y además difícil de trasladar, en 1935 Bob Wills la introduciría como parte de sus Texas Playboys y aunque su ejemplo no sería seguido de forma inmediata, sí que con el tiempo cada vez serían más los combos que tomarían una decisión similar. Curiosamente también sería Wills el primero en incluir en su grupo una guitarra eléctrica en 1938, demostrando su capacidad para la innovación y su condición de auténtico precursor.

Con la llegada de los cuarenta llegarían también las evoluciones del género y, sobre todo, el nacimiento de nuevos subgéneros. El bluegrass, con Bill Monroe como principal figura, sería uno de los mismos, pero tampoco podemos olvidar el honky tonk que desarrollarían figuras esenciales como Lefty Frizzell o, sobre todo, Hank Williams, considerado habitualmente como uno de los creadores del country moderno. Un músico, Williams, que fallecería muy joven de forma prematura en 1953 dejando un legado absolutamente inabarcable en cuanto a actitud y estilo.

Tercera generación: los felices cincuenta y los dorados sesenta

No hay duda de que las dos siguientes décadas de nuestro vertiginoso recorrido por la historia de la música country se pueden considerar los mejores años del género. Con los cincuenta y la llegada del rockabilly llegó también su hermanamiento con el country, siendo esta la primera vez que podemos hablar claramente de country rock, al menos de forma seminal. La llegada de una figura tan esencial para la historia del siglo XX como la de Elvis Presley, tremendamente ligado al country, supuso también la aparición de músicos como Johnny Cash o Johnny Horton que conservando la tradición tenían también mucho de ese magnetismo que atraía a los jóvenes. De esta manera se conseguía que el country dejara de ser considerado un género «de viejos» para que sus estrellas fueran también admiradas por los menores de 30 años. Aunque no todo era eso y había sitio también para música destinada a un público más maduro. Así, mientras muchos se acercaban al rockabilly otros se dedicaban a un estilo más amable y suave que acabó recibiendo el nombre de Nashville Sound y en el que se englobaban Jim Reeves, Patsy Cline o Eddy Arnold. Curiosamente, el estilo fue poco a poco desplazado por el Bakersfield Sound, mucho más basado en el honky tonk, y cuyas principales figuras eran Merle Haggard y Buck Owens, quedando la vertiente más pop convertida en el Countrypolitan, con Tammy Wynette, Charley Pride, Charlie Rich o Glen Campbell como alguno de sus paladines. También fue esta la década de los productores, en las que nombres como los de Chet Atkins, Owen Bradley y Billy Sherrill se convierten en habituales de los discos de más éxito obteniendo prácticamente el mismo reconocimiento que los propios artistas.

Cuarta generación: la proliferación de subgéneros

Con los setenta el country se confirma como uno de los géneros con más bifurcaciones de los que conviven en el mundo de la música. El Countrypolitan se afianza con figuras como Dolly Parton, John Denver o Kenny Rogers, pero aparecen nuevos «afluentes».

La década se caracterizará por la aparición del movimiento outlaw mientras el western swing empieza desfallecer. Se trata de un estilo que bebe directamente del honky tonk de los cincuenta y que supone la llegada al primer plano musical de Willie Nelson, Billy Joe Shaver, Jessi Colter, David Allan Coe o Waylon Jennings, entre muchos otros. Un género desenfadado y divertido, típico de tugurios y bares de mala reputación y en el que se hablaba sin rubor de drogas, alcohol o asesinatos. Paralelamente, y a medio camino entre el outlaw y los grandes productores de los sesenta, emergerá la figura de un Kris Kristofferson que introducirá un nuevo tipo de artista: el del compositor de éxito.

Finalmente, los setenta serán los años en que, por primera vez y por culpa de grupos como The Byrds, The Grateful Dead o The Flying Burrito Brothers, se empezará a hablar claramente de country rock. La fusión de estilos será una evidencia y algunos de sus nombres más destacados como el de los Eagles se convertirán en auténticos acaparadores de éxitos y, por qué no decirlo, de millones de dólares en sus cuentas corrientes gracias a los cientos de miles de copias vendidas de sus discos.

Pero no todo acabará con el cambio de década, aunque el country, igual que el resto de géneros relacionados con las raíces, tendrá que vivir una dura travesía por el desierto con la llegada de los ochenta. Los sintetizadores y la música disco se adueñarán del mercado mientras aparece el llamado Urban Cowboy, producto de la película del mismo título protagonizada por John Travolta en 1979 y que no deja de ser un intento por adaptarse a los nuevos tiempos. Pero mientras algunos intentaban sobrevivir con ese intento de modernización, otros consideraron que la clave para la supervivencia estaba en volver precisamente a los orígenes. El subgénero, apodado neo tradicionalismo, tuvo en Ricky Scaggs a su principal figura, aunque futuros country rockers como Dwight Yoakam mantendrían su respeto por el género a pesar de su fusión de estilos.

Quinta generación: el renacimiento

Aunque no estrictamente country, pero sí relacionado en algunos casos como los de The Long Ryders, Jason & The Scorchers o Los Lobos, a mediados de los ochenta se produjo en Estados Unidos el movimiento conocido como Nuevo Rock Americano (NRA). Quizá algunos poco o nada tenían que ver con el género que nos interesa, pero otros como los citados tenían el country entre sus raíces y fueron esenciales para la aparición, poco después, del llamado Americana o Country Alternativo de los noventa. Surgidos a partir del grupo Uncle Tupelo y bifurcaciones posteriores como Wilco y Son Volt, el estilo se caracterizaba por una apuesta clara por mezclar el country y el rock alternativo en una nueva vuelta de tuerca.

Paralelamente, el country vuelve a las emisoras de radio y, sobre todo a la televisión, copando programas de cadenas eminentemente juveniles como MTV, cosa que convertiría en fenómenos de masas a gente como Billy Ray

Cyrus, Dixie Chicks o Garth Brooks (capaz de reunir casi a un millón de personas en un concierto en Central Park). Mientras, además, se producía la «resurrección» de un Johnny Cash que, mediante la publicación de las American Recordings de la mano de Rick Rubin, conseguía no solo recuperar a sus seguidores de siempre sino ser aclamado también por un público más joven.

Sexta generación: los nuevos tiempos

El cambio de milenio provoca en el country dos efectos. En primer lugar la búsqueda por parte de las grandes compañías de grupos súper ventas que revienten las listas de éxitos, aunque en algunos casos esto pueda estar reñido con la calidad, como Hootie & The Blowfish, Shania Twain, Faith Hill o Taylor Swift. Una apuesta, producto de los nuevos tiempos, en el que la imagen se convierte en algo tan importante como la música y en el que se pierde alma para buscar la perfección que garantice la presencia en listas de ventas.

Y por otro se produce la consolidación del Americana gracias a figuras como Ryan Adams, Cracker o The Jayhawks. Algunos, como el primero, podrán alardear de un enorme número de fans que, a pesar de su mal carácter, comprarán todos sus discos prácticamente sin rechistar, mientras una ya veterana Lucinda Williams vivirá sus momentos de mayor reconocimiento mediático.

Séptima generación: el futuro

¿Dónde está el futuro del country? Difícil saberlo, aunque la segunda década de los 2000 no ha empezado mal para el género con algunos revivalistas como Sturgill Simpson, J. P. Harris o Daniel Romano que al menos garantizan el cambio generacional.

Para nada desdeñable es tampoco la proliferación de algunos one-man-bandas como Scott H. Biram o Bob Wayne que, con conexiones indiscutibles con el metal, han conseguido también colaborar en la revitalización de un género que, mal que le pese a muchos, sigue muy, pero que muy vivo. Y pasear por alguno de los protagonistas de su ya longeva historia es una forma inmejorable de comprobarlo.

2. Guía del country y el country rock

A

Roy Acuff

El rey del country

Roy Claxton Acuff
15 de septiembre de 1903 – 23 de noviembre de 1992
Maynardsville, Tennessee

Este cantante, violinista y productor recibió rápidamente el calificativo de Rey del country gracias a que representaba todo aquello que debía ser un cantante del género. Acuff defendía los valores tradicionales como ninguno y llevó su forma de pensar a sus numerosas producciones. Curiosamente Acuff no quería ser cantante sino que su sueño era triunfar en el béisbol. Consiguió llegar a jugar en equipos menores y cuando estaba a punto de dar el salto al profesionalismo varias insolaciones que le provocaron diversos colapsos físicos acabaron con su carrera. En la rehabilitación perfeccionó su técnica al violín y en 1932 ya recorría el país junto al vendedor ambulante de medicina Dr. Hauer como animador. Cuenta la leyenda que como Acuff actuaba sin micrófonos tuvo que aprender a cantar lo suficientemente alto para ser oído, desarrollando así una voz prodigiosa que luego le haría mundialmente famoso. Tras esos años junto al curandero, Acuff empezó a aparecer en la emisora WROL donde se hizo un nombre gracias a su interpretación de «The Great Speckled Bird», un clásico del góspel. ARC quiso grabarle la canción y ahí empezó su carrera como intérprete.

En 1938 ya se une al espectáculo del Grand Ole Opry junto a su banda, Smoke Mountain Boys, y rápidamente se convierte en una de sus estrellas y uno de los participantes favoritos para su público. En los cuarenta ya es

una auténtica estrella y canciones como «The Wreck on the Highway» o «Beneath That Lonely Mound of Clay» se oyen de costa a costa pero, lejos de conformarse con eso, Acuff decide fundar una de las primeras editoras dedicada exclusivamente al country, Acuff-Rose Publications, para la que grabarán gente como Hank Williams, Roy Orbison, The Everly Brothers o Don Gibson. Precisamente Williams declararía que «Roy es el cantante más grande que ha habido nunca«. Su tremenda fama le llevó a convertirse en candidato a gobernador por el Partido Republicano en 1948, aunque no consiguió ganar las elecciones. En los cincuenta, aunque no logra grabar ningún single de éxito, sigue girando por todo el país y apareciendo regularmente en el Opry, algo que dejará de hacer en un corto hiato de tiempo en la siguiente década, en la que por cierto está a punto de perder la vida en un accidente de coche. Eso, a pesar de haberse convertido en 1962 en el primer artista vivo en ser incluido en el Country Music Hall of Fame, le lleva a plantearse la retirada dado que además las ventas de discos han descendido, pero en 1972 y gracias a su aparición en el álbum *Will The Circle Be Unbroken?* de la Nitty Gritty Dirt Band su fama sufre un repunte que aprovecha con discos como *Back in the Country* (1974) o *That's Country* (1975). Con los ochenta empieza su declive definitivo. Observa cómo mueren su mujer y varios miembros de su banda y aunque en 1987 lanza «The Precious Jewell» junto a Charlie Louvin, no conseguirá recuperarse nunca del todo. En 1992, tras haber recibido un año antes la Medalla Nacional de las Artes, fallece a causa de una insuficiencia cardíaca congestiva dejando para siempre el trono sin inquilino.

Ryan Adams

La incontinencia creativa de un niño malo

David Ryan Adams
5 de noviembre de 1974
Jacksonville, Carolina del Norte

Surgido en los años noventa como miembro de Whiskeytown, Ryan Adams demuestra, sobre todo en su carrera en solitario, que es uno de los grandes talentos aparecidos en la música norteamericana en las últimas décadas. Un joven que en sus años de formación amaba igual a Loretta Lynn, Merle Haggard o Johnny Cash que a los Ramones o Hüsker Dü. Con solo 15 años ya andaba escribiendo canciones reforzando su vertiente punk al entrar a formar parte de Patty Duke Syndrome, aunque pronto se cansó y decidió dedicar sus esfuerzos a algo más melódico. En 1994 deja el grupo y forma Whiskeytown junto a Phil Wandscher y Caitlin Cary, a los que se unirán poco después Steve Grothman y Eric Gilmore. Un año después publican *Faithless Street* y los críticos se vuelven locos por ellos, siendo comparados rápidamente con Gram Parsons o con la vertiente country de The Rolling Stones. Así que su siguiente disco, *Strangers Almanac*, (1997) ya se publica en una major, Geffen. Producido por Jim Scott, que se había encargado del *Wallflowers* de Tom Petty, el disco es otra delicia y la crítica vuelve a demostrar su entusiasmo aunque las expectativas comerciales no se cumplen. En 1999, ya con Adams y Cary como únicos miembros originales en el grupo, graban su nuevo disco, aunque la absorción de Geffen por parte de Universal lo deja en un cajón para ser editado en 2001, cuando el grupo ya no existe.

Y es que Adams se mete en un estudio con Gillian Welch y Dave Rawlings para dar forma a su primer disco, *Heartbreaker* (2000), publicado por Bloodshot Records y convertido en un auténtico hito del country alternativo. Las buenas críticas llevan a Adams a firmar por Lost Highway, que acabará encargándose de editar *Pneumonia*, el disco perdido de Whiskeytown, y, sobre todo, *Gold* (2001), el segundo trabajo de Adams. El disco funciona muy bien, en parte gracias a un single como «New York, New York» que es absolutamente perfecto. A partir de ahí Ryan Adams construye una carrera basada en su incontinencia creativa, que a veces le juega malas pasadas, y en su difícil carácter que le granjeará una merecida fama de irascible.

Es casi imposible seguir el rastro de todos sus discos, singles, proyectos paralelos y colaboraciones pero sí podemos detenernos en alguno de ellos. En 2002 publica *Demolition*, quizá su peor trabajo hasta el momento pero con el que obtiene los mejores resultados comerciales, y en 2003 abandona por completo cualquier rastro de raíces en su música para publicar *Rock'n'Roll*, un trabajo de puro rock alternativo. Regresa al redil con los dos volúmenes de *Love Is Hell* (2004) y, sobre todo, con la creación de The Cardinals, una excelente banda con la que grabará sus siguientes discos. El primero de ellos es el doble *Cold Roses* (2005), con magníficos resultados de ventas en todo el mundo. El mismo año publica dos discos más, *Jacksonville City Nights*, mucho más tradicional y cercano al honky tonk, y *29*, quizá el más flojo de los tres. Tras meterse en proyectos relacionados con el hip-hop o el rock duro, en 2007 llega *Easy Tiger* y en 2008 *Cardinology*, su penúltimo disco con The Cardinals. Crea su propia discográfica, Pax-Am, con el objetivo de publicar todos sus trabajos y salidas de tono, como el infame disco de metal titulado *Orion* en 2010. Acaba su relación con The Cardinals con *III/IV*, el mismo año, otro disco doble con críticas favorables, publica en 2011 *Ashes & Fire* y en 2014 obtiene sus mejores resultados en los charts al colocar su disco de título homónimo en el puesto 4. Su última extravagancia, tras publicar en 2015 una magnífica box-set como *Live at Carnegie Hall*, es regrabar el mismo año y de manera íntegra el disco de Taylor Swift *1989*. Curiosamente la cosa sale bien y no solo es aclamado por la crítica sino que obtiene un destacado número 9 en las listas de éxito.

Asleep at the Wheel

Esa gran familia

1969

Paw Paw, Virginia Occidental

Sería imposible citar en unas pocas líneas todo lo que ha aportado Asleep at the Wheel a la música country norteamericana. Este combo cambiante con más de treinta miembros en su historia y por el que han pasado gente como Tony Garnier, actual figura capital de la Never Ending Tour Band de Bob Dylan o Rosie Flores, inicia sus pasos cuando en 1969 Ray Benson y Lucky Oceans deciden unirse para plasmar su pasión por la música country en una banda que rindiera pleitesía a los grandes del género. Casi sin

darse cuenta se encuentran teloneando a Hot Tuna y Alice Cooper, y Van Morrison los cita en una entrevista para la prestigiosa revista *Rolling Stone* como una de sus bandas favoritas. Su debut discográfico se producirá en 1973 con *Comin' Right at Ya*, un álbum que a pesar de las buenas críticas no logra colarse ni siquiera en las listas de country. De hecho no será hasta su cuarto disco, *Texas Gold*, que el grupo entrará en las dichosas listas, pero lo harán a lo grande consiguiendo un destacable puesto número 7 por lo que respecta a la de country un todavía más sorprendente puesto 136 ¡en las de pop! El álbum, además, incluye la canción que a día de hoy sigue siendo su gran éxito, «The Letter That Johnny Walker Read». Por entonces el grupo ya ha tenido tiempo de poner de manifiesto sus tres grandes marcas de fábrica: los cambios constantes de formación, los cambios de discográfica y las relaciones con nombres esenciales del género. Ya hemos citado el número de integrantes que ha pasado por el grupo unas líneas más arriba pero conviene también hacer referencia a que su treintena de discos oficiales ha supuesto también ¡21 cambios de discográfica! Por lo que respecta al tercer sello apuntado, otra lista interminable sería citar todos los nombres que de una manera u otra han tenido algo que ver con Asleep at The Wheel. En 1977, por ejemplo, mientras están de gira por Europa con Emmylou Harris, se enteran que la revista *Rolling Stone* los ha escogido mejor grupo de country & western del año. Bob Dylan, George Strait, Commander Cody o Willie Nelson, con el que en 2009 publicarán el álbum *Willie and the Wheel*, son solo algunas de esas figuras con las que han girado, grabado o colaborado. Poco antes, en 2002, Ray Benson, único miembro que se mantiene de la formación original, fue incorporado al prestigioso Austin Music Hall of Fame, el salón de la fama de la música country de la ciudad tejana.

Chet Atkins

Míster Guitar

Chester Burton Atkins
20 de junio de 1924 – 30 de junio de 2001
Luttrell, Tennessee

Cuando en octubre de 1990 Mark Knopfler, líder de Dire Straits, publica el disco *Neck & Neck* junto a Chet Atkins, algunos oyen por primera vez el nombre de una de las figuras más influyentes de la música country, tanto como productor, como en su faceta de guitarrista. No en vano estamos hablando de alguien que produjo discos para Waylon Jennings, Jim Reeves, Don Gibson o Eddy Arnold entre muchos otros, o que participó como guitarrista en álbumes de Ray Charles, Willie Nelson, Elvis Presley, Roy Orbison, Dolly Parton o Porter Wagoner. Aunque empezó con el ukelele y el violín, la guitarra se convirtió en su

instrumento principal, adquiriendo un estilo propio y distintivo a pesar de haberse iniciado copiando a su ídolo Merle Travis. Trabajando como músico de sesión, rápidamente fue apodado *Míster Guitar*, título que dio a uno de sus muchos discos. En 1965 consiguió su gran éxito, gracias a la canción «Yakety Axe», aunque poco después se vio obligado a dejar temporalmente la música por un cáncer de colon que afortunadamente pudo superar. Autodidacta, huía de la etiqueta de guitarrista country prefiriendo la de guitarrista a secas, hecho que demostró tocando en su carrera todo tipo de estilos, llegando incluso en los ochenta a inclinarse por el jazz. Premiado hasta con once Grammys y nueve galardones de la Country Music Association, Atkins fallecía en 2001, con 77 años, considerado uno de los más grandes del género en la sombra.

The Avett Brothers

Sermones de emoción

2000
Mount Pleasant, Carolina del Norte

Hijos de un pastor metodista, Sett y Scott Avett se iniciaron en la música en la banda Nemo, un grupo de rock de Greenville, Carolina del Norte. Gracias a la unión con su amigo John Twomey empiezan a tocar música acústica que interpretan en la calle obteniendo un éxito considerable con su reinterpretación del bluegrass y el country. Deciden llamarse The Back Door Project hasta que en 2000, con el fin de Nemo, se convierten en The Avett Brothers. Twomey deja la banda y es sustituido por el bajista Bob Crawford, y en 2002 publican su primer disco, *Country Was*. Un año después hacen lo propio con *A Carolina Jubilee* que los pone en el mapa definitivamente por su forma acelerada y psicótica de contemporanizar el bluegrass. Empiezan a grabar y girar sin parar, ya sea como The Avett Brothers o con sus proyectos paralelos y en 2007 editan un disco que les cambiará la vida, *Emotionalism*. El álbum supone su primera colaboración en estudio con el chelista Joe Kwon, convertido a partir de entonces en miembro de pleno derecho del grupo y, sobre todo, que Rick Rubin se decidiera a ficharlos para su sello American

Recordings donde les produjo su siguiente *I and Love and you* (2009). El grupo pasa a estar con ese disco en boca de todo el mundo. Tienen la crítica a sus pies y las ventas se corresponden. El álbum alcanza el puesto 16 en las listas ¡de pop!, con su siguiente *The Carpenter* (2012) llegan al 4 y con *Magpie and the Dandelion* (2013) al 5. En 2016 llega su noveno disco en estudio, *True Sadness*, con el grupo ya convertido en un auténtico fenómeno de masas.

B

The Band

Una de las bandas más influyentes de la historia

1968 – 1976
Toronto, Ontario (Canadá)

Lo de The Band fue una conjunción astral. Cinco músicos únicos, Rick Danko, Garth Hudson, Richard Manuel, Robbie Robertson y Levon Helm, que aparecieron en el mismo momento y en el mismo lugar para convertirse en un grupo que cambió la forma de entender la música norteamericana. Nacidos a principios de los sesenta como banda de soporte de Ronnie Hawkins, bajo el nombre de The Hawks, en 1964 deciden volar en solitario y cambian su nombre al de Levon Helm Sextet y luego al de Levon & The Hawks. Bob Dylan recurre a ellos como banda de apoyo de su primera gira eléctrica, otra vez bajo el nombre de The Hawks, y trabajan juntos grabando las famosas *The Basement Tapes* en una casa rosa rural de Woodstock. Allí también coge forma su primer disco, *Music From Big Pink* (1968), considerado por la revista *Rolling Stone* el número 34 de la lista de los mejores discos de la historia y que incluye tres canciones escritas por el propio Dylan. El álbum es realmente soberbio y define lo que es el country rock con sus retazos tradicionales pero manteniendo una actitud claramente rock.

En su segundo disco, *The Band (The Brown Album)* (1969), todavía inciden más en su vertiente country siguiendo la línea marcada por el *Sweetheart of the Rodeo* de The Byrds. De hecho, rápidamente son considerados junto a los propios Byrds y los Flying Burrito Brothers como las espoletas del country rock de los setenta. *Stage Fright* (1970) es algo inferior y el grupo inicia un descenso de calidad que, aunque no es exagerado, refleja los problemas internos que se suceden entre ellos. *Cahoots* (1971), *Moondog Matinee* (1970), *Northern Lights – Southern Cross* (1975) o *Islands* (1977) adolecen de los mismos defectos e irregularidades aunque siguen aportando canciones maravillosas a su carrera como sus versiones del «When I Paint my Masterpiece» de Dylan, de nuevo, o del «Mystery Train» de Junior Parker, «Ophelia» o «It Makes No Difference».

Tras no parar de girar en 16 años, Robertson propone a la banda separarse y lo harán a lo grande con uno de los considerados mejores conciertos de la historia, *The Last Waltz*, grabado el 25 de noviembre de 1976 en el Winterland Ballroom de San Francisco (California). El concierto, en el que participan Bob Dylan, Neil Young, Van Morrison, Neil Diamond o Joni Mitchell entre muchos otros, es filmado por Martin Scorsese en una película histórica.

En 1983, Levon Helm reagrupa a la banda aunque ya sin Robbie Robertson y se dedican a girar por Estados Unidos en un formato semi-acústico, y en 1993 vuelven a publicar un disco, el interesante *Jericho*, que de paso sirve de homenaje a Richard Manuel, fallecido en 1986. Repetirán en 1996 con *High on the Hog* y en 1998 con *Jubilation*, ambos inferiores a sus mejores obras.

En cuanto a sus carreras en solitario, Robertson fue el que mejor funcionó en lo que respecta a repercusión comercial y Helm en cuanto a calidad de sus discos. Rick Danko, que fallecería en 1999, solo publicó un disco en estudio en vida, de título homónimo, pero realmente fantástico aparecido en 1977. Canela country rock. Richard Manuel y Garth Hudson se dedicarían a las giras de los The Band reunificados y a tocar con otros músicos. Robbie Robertson emprendería una carrera en solitario inclinada hacia el rock americano clásico y en la que destacan poderosamente su disco de debut publicado en 1987 y producido por Daniel Lanois y *Storyville* en 1989. Finalmente Levon Helm basó su carrera en discos de versiones de la historia de la música norteamericana convirtiéndola en una enciclopedia de la roots music. Fue el que más publicó en solitario y álbumes como *The RCO All-Stars* (1977), *American Son* (1980) o los más recientes *Dirt Farmer* (2007) y *Electric Dirt* (2009) son realmente fascinantes. Helm fallecería en 2012.

Bobby Bare

El Springsteen del country

Robert Joseph Bare, Sr.
7 de abril de 1935
Ironton, Ohio

Huérfano de madre a los cinco años y con un padre que no pudo hacerse cargo de él por problemas económicos, Bobby Bare andaba trabajando en una granja cuando a los 15 años fabricó con sus propias manos su primera guitarra. Trasladado a Los Ángeles en busca de fortuna, en 1958 graba «The All American Boy», un blues hablado firmado como Bill Parsons, que vende por 50 dólares a Fraternity Records. La canción, lanzada en 1959, se convierte en un éxito y alcanza el número 2 de las listas por lo que su reputación como compositor crece como la espuma aunque no puede disfrutar del éxito, ya que mientras está haciendo el servicio militar, Fraternity Records contrata a otro cantante que se hace pasar por Bill Parsons para girar por todo el país. A su regreso conoce a Willie Nelson, y gira con Roy Orbison y Bobby Darin convenciéndose de que en la música pop está su futuro. Rápidamente, y a pesar de que Chubby Checker graba tres de sus canciones, decide volver al country que es lo que realmente le apasiona. Firma con RCA de la mano de Chet Atkins y graba sus primeros grandes éxitos: «Shane on Me», «Detroit City» y «500 Miles from Home», convirtiéndose en habitual de las listas de éxitos.

En los sesenta se deja influir por artistas como Bob Dylan y acerca su música al folk mientras se convierte en un nombre reconocido también en Reino Unido. En 1973 y después de un breve paso por Mercury Records, regresa a RCA e inicia una duradera relación compositiva con su amigo poeta Shel Silversten, al tiempo que em-pieza a colocar sus canciones en las emisoras de música rock. Firma con Bill Graham, publicista de Grateful Dead o Janis Joplin, que lo define como «el Bruce Springsteen del country« y graba, ya para Columbia, *Sleeper Wherever I Fall*, (1978) en el que cuenta con la colaboración de Rodney Crowell y donde se atreve a versionar a The Byrds y The Rolling Stones. En los años siguientes seguirá combinando sus canciones propias con versiones de Townes Van Zandt, J. J. Cale, o Guy Clark, aunque como sucedió con muchos sufrió el descenso de ventas de las músicas tradicionales en los ochenta. Dejará de grabar discos en 1983 y no regresará hasta 1998 con el grupo Old Dogs, integrado junto a Waylon Jennings, Jerry Reed, y Mel Tillis. En 2005 vuelve a firmar un álbum en solitario con *The Moon Was Blue*, producido por su hijo, y repite en 2012 con *Darker Than Light*. Como curiosidad, ese mismo año Noruega se presenta al Festival de Eurovisión con una canción suya que alcanza el tercer puesto.

Bobby Bare Jr.

Alumno aventajado

Robert Joseph Bare, Jr.
28 de junio de 1966
Nashville, Tennessee

A pesar de ser licenciado en psicología, estaba claro casi desde su nacimiento que el hijo de Bobby Bare acabaría convertido en músico. Con solo ocho años ya fue nominado a un Grammy por la canción «Daddy What If», grabada junto a su progenitor, aunque no fue hasta cerca de los treinta que decidió convertirse en músico profesional. Después de sacar un par de álbumes como Bare Jr, llamados *Boo -Tay* (1998) y *Brainwasher* (2000), forma la banda que le acompañará hasta hoy, The Young Criminals Starvation League, con miembros de Lambchop y My Morning Jacket, y graba su debut homónimo en 2002. Su música bebe del country clásico sin olvidar la evolución que ya proponía su padre y que lo acerca estilísticamente a las bandas de country alternativo de los noventa. En 2006 publica *The Longest Meow*, en 2010 *A Storm, A Tree, My Mother's Head* y en 2014 *Undefeated*. Con ellos se gana el respeto de la crítica y consigue poner los cimientos a una firme carrera propia al margen de la de su reconocido padre.

The Beat Farmers

Encantadores paletos

1983 – 1995
San Diego, California

Country Dick Montana es, sin duda, el alma máter de The Beat Farmers, una de las grandes bandas del llamado cow-punk. Nacido en Carmel, California, en 1955, empezó como propietario de una tienda de discos en el San Diego de los setenta, cosa que le permitió contactar con la escena underground de la ciudad y empezar a tocar la batería en algunos grupos. Sus dos grandes experiencias se dan con la banda de punk The Penetrators y la banda de música de raíces The Crawdaddys. En un intento de unir los dos estilos que más le gustaban formará en 1983 The Beat Farmers, donde se encargará de batería, guitarra percusión, acordeón y voces. Completan la banda Jerry Raney, Bernard «Buddy Blue» Seigal y Rolle Love.

En 1984 firman con Rhino Records y publican *Tales of the New West*, producido por el miembro de The Blasters y Los Lobos Steve Berlin. Rápidamente demuestran que lo suyo es el country acelerado sin olvidar las buenas versiones de temas rock de Bruce Springsteen o The Velvet Underground. El disco además incluye uno de sus grandes éxitos, «Happy Boy». En 1987 publican  *The Pursuit of Happiness*, y dos años después *Poor and Famous*. Entonces ya parecen convencidos de que el éxito masivo no se ha hecho para ellos y deben conformarse con tocar en salas de aforo medio que, eso sí, ponen siempre patas arriba como demuestra su directo *Loud and Plowed and . . . LIVE!!*. Sus dos últimos tabajos serán *Viking Lullabys* (1994) y *Manifold* (1995) ya que Montana fallecerá a finales de ese año de un repentino ataque al corazón.

Ryan Bingham

Mescalito en Nuevo México

George Ryan Bingham
31 de marzo de 1981
Hobbs, Nuevo México

Tras pasar varios años como artista de rodeo mientras aprendía a tocar la guitarra practicando con canciones de mariachis, Ryan Bingham empezó en la música actuando en tugurios de Fort Worth, Texas. En 2007 firma por la prestigiosa Lost Highway Records que se encandila de su novedosa forma de entender el country rock, haciendo hincapié en las guitarras y en su rugosa voz. Su primer disco para ellos, *Mescalito*, lo produce Marc Ford, ex miembro de The Black Crowes. El impacto es inmediato y las comparaciones con Steve Earle caen por su propio peso. Algo que no sucede con su segundo trabajo, *Roadhouse Sun*, demasiado calmado y cercano a la balada folk. A pesar de ello logra incluir dos canciones nuevas en la película *Crazy Heart*, «I Don't Know» y «The Weary Kind». Esta última se llevará el Globo de Oro a la mejor canción y, sobre todo y por sorpresa, el Oscar de Hollywood en la misma categoría. Aunque el músico no aprovecha su salto a la fama y publica dos discos menores como *Junky Star* (2010) y *Tomorrowland* (2012), en 2015 vuelve por sus fueros y publica el mejor álbum desde su debut, el maravilloso *Fear and Saturday Night*, en el que vuelve a destacar recordando a su excelente puesta de largo y demostrando que el futuro puede ser suyo.

Scott H. Biram

Viejo y sucio hombre orquesta

Scott Alan Biram
4 de abril de 1974
Lockhart, Texas

Nacido en Lockhart pero criado en la cercana San Marcos, Biram se inició como muchos otros músicos de country como intérprete de punk, en su caso en la banda The Thangs, aunque rápidamente empieza a liderar un grupo de bluegrass, Scott Biram & The Salt Peter Boys and Bluegrass Drive-By. Tras eso se convierte en one-man-band, es decir, hombre orquesta, y desde sus inicios se caracteriza por la unión del country con estilos más duros como el punk y el metal. Publica sus cinco primeros discos en su propio sello, Knuckle Sandwich Records, y el último de ellos, *The Dirty Old One Man Band*, lo reedita al fichar por Bloodshot Records. En 2006 publica *Graveyard Shift* con músicos de Black Diamond Heavies, al que sigue *Something's Wrong / Lost Forever* (2009), que se cuela hasta el número 5 de las listas de blues y que incluye el himno «Still Drunk, Still Crazy, Still Blue». Tras él su fama aumenta, especialmente en Europa y en parte también gracias a que su música aparece en la televisiva *Sons of Anarchy*. En 2014 publica *Nothin' But Blood*, su octavo disco que, una vez más, es recibido de manera espléndida por crítica y público.

Clint Black

A la sombra de Garth

Clint Patrick Black
4 de febrero de 1962
Long Branch, Nueva Jersey

Clint Black fue uno de los grandes beneficiados de la explosión mediática del country rock para todos los públicos de Garth Brooks, pero también ha pasado buena parte de su carrera a la sombra del de Tulsa. Eso sí, Black, como Brooks, tuvo claro desde su debut en 1989 con *Killin' Time* que la clave del éxito estaba en la fusión del pop y el rock con el country. Un disco que pudo realizarse gracias a la confianza que depositó en él Bill Ham, mánager de ZZ Top. Y tuvo razón. El disco fue un bombazo recibiendo el premio de la Americana Music Association a disco del año, a canción del año por «A Better Man» y a mejor vocalista masculino y mejor vocalista novel para el propio Clint. Vendió cerca de dos millones de copias y fue el único momento de su carrera en que pudo codearse con Brooks. A pesar de varios líos contractuales siguió grabando buenos discos de country mainstream y en 1992 vuelve a los primeros puestos de las listas con su tercer disco, *The Hard Way*. El álbum se convertía en platino con su millón de copias vendidas. Eso sí, Brooks había conseguido un año antes plantarse en los 17 millones.

Black se conciencia de su lugar, publica cuatro discos más en los noventa y en 2001 crea su propio sello, Equity Music Group, aunque no regresará con un disco hasta 2004 y *Spend My Time*, grabado en su nuevo hogar en Nashville. Tras *Drinkin' Songs and Other Logic* (2005) se dedica a la parte menos musical del negocio y no volvemos a tener noticias suyas hasta que publica en 2015 *On Purpose*.

The Blasters

La morada de los Alvin

1979
Downey, California

Aunque los hermanos Alvin, Dave y Phil, tenían auténtica pasión por el blues desde su infancia, sus primeros pasos en la música se dirigen hacia el country y un rock enérgico que hará que sean considerados parte de la escena punk-rock angelina de principios de los ochenta en la que aparecían X,  The Gun Club o Black Flag. Y es que, aunque pueda parecer extraño, Henry Rollins, cantante de estos últimos, se encuentra entre sus seguidores.

En 1980 publican su primer disco, *American Music*, una mezcla de versiones de gente como Bill Haley o Willie Dixon con temas originales, entre los que destaca «Marie, Marie», una de las canciones fetiche de la banda y que se convertiría en su primer éxito. En 1981 sale su segundo disco, homónimo y publicado por la entonces influyente Slash. En ese momento Steve Berlin y su saxofón ya se han unido al grupo dando a este un sonido más amplio. Llegan al puesto número 36 de las listas y se desatan las expectativas. Tras el EP *Over There* y *Non Fiction* (1983) buen disco pero con débil repercusión, el globo empieza deshincharse. En 1985 publican *Hard Line* y solo un año después, Dave Alvin anuncia que deja el grupo. La banda seguía adelante para algunos shows esporádicos y en 2002 se reúne con la formación original para unos conciertos que serán reflejados en *The Blasters Live: Going Home* (2004). Mientras Dave, tras unirse a X brevemente después de la separación, pone en marcha una carrera en solitario mucho más enfocada al country y las raíces. Su debut en solitario en 1987, *Romeo's Escape*, se cuela en el puesto 60 de las listas de country y graba muy buenos trabajos como *King of California* (1994), una maravilla country rock en el que participan Rosie Flores, Chris Gaffney o John Doe, *Ashgrove* (2004), en el que recibe la ayuda en la composición de gente como Tom Russell, Shannon McNally o David Hidalgo y Louie Pérez de Los Lobos, y *Eleven, Eleven* (2011), una muestra de su excelente estado de forma. Phil, por su parte, reforma The Blasters en varias ocasiones y graba un par de discos notables, *Un «Sung»Stories* (1986) y *County Fair 2000* (1994).

En 2004, sin Phil, el grupo publicará *4-11-44* y la presencia del hermano ausente se echa demasiado en falta por lo que no volverán a publicar nada bajo el nombre de The Blasters hasta que en 2012 aparece *Fun on Saturday Night*. Paralelamente los hermanos se reconcilian, casi por sorpresa, y ponen en marcha un dúo titulado con sus nombres y con el que ya han editado dos magníficos trabajos de country-blues, *Common Ground* (2014) y *Lost Time* (2015).

Blue Rodeo

Fiables virtuosos

1984
Toronto, Ontario (Canadá)

Canadá siempre ha sido una cantera importante para el country rock norteamericano y buen ejemplo de ello son Blue Rodeo. Fundada en 1977 por Jim Cuddy y Greg Keelor, que a día de hoy todavía permanecen en la banda, Blue Rodeo se han caracterizado por unir a la perfección el country de Gram Parsons o Guy Clark con el rock de Bob Dylan o sus admirados y compatriotas The Band. Compañeros de instituto, ambos empezaron, como muchos otros, formando una banda de punk. Cambiaron en diversas ocasiones de estilo hasta que en 1984 encuentran el camino marcado por Ronnie Hawkins y deciden seguirlo bajo el nombre de Blue Rodeo. No debutarán discográficamente hasta 1987 con *Outskirts* pero el éxito está asegurado porque ya son muy populares en su país gracias a un importante número de conciertos celebrados. Su carrera toma una línea ascendente que se mantendrá hasta el cambio de siglo. Discos como *Casino* (1991) o *Five Days in July* (1994) son reconocidos tanto por crítica como por público. Reciben varios premios Juno (galardones que reconocen la música en Canadá) y aparecen en películas como *Postcards from the Edge*, protagonizada por Meryl Streep. Saben sobrevivir a la aparición de nuevos grupos producida por el boom del Americana mediados los noventa introduciendo en su música algo de experimentación y psicodelia, a lo que ayuda la entrada en la banda del multi-instrumentista Bob Egan, ex Wilco. En 2012 fueron inducidos en el Music Hall of Fame canadiense gracias a una carrera fiable como pocas. En 2013 publican *In Our Nature*, que los muestra en plena forma, y en 2015 reflejan la misma en el directo *Live at Massey Hall*.

Nicki Bluhm

La gran esperanza del country rock californiano

22 de septiembre de 1979
Lafayette, California

Capital es la importancia de su ex marido Tim, del que además adquirió el apellido en su nombre artístico, para la carrera de Nicki Bluhm. Y es que la californiana empezó a ser conocida gracias a actuar después de los shows de la banda de Tim, The Mother Hips, que además le animó a crear su propio grupo dando lugar a The Gramblers. En 2008 publica *Toby's Song* y rápidamente corre de boca en boca que hay una nueva artista que desarrolla los parámetros del sonido Laurel Canyon con los Eagles, Jackson Browne o Joni Mitchell como referentes. En 2011 repite con *Driftwood* y las críticas ya son unánimes, por lo que aprovecha para sacar un disco de duetos con Tim. La cosa no para de crecer y Nicki pasa de promesa a realidad. Tras triunfar en el festival de Newport y en el de Bonnaroo, en 2013 decide firmar su primer disco como Nicki Bluhm and The Gramblers, algo que repetirá en 2015 con *Love Wild Lost*, ya separada de Tim y en el que deja que el espíritu de Janis Joplin se haga presente, sobre todo en sus directos.

The Bottle Rockets
La mejor banda de bar del mundo

1992
Festus, Missouri

La banda liderada por Brian Henneman es sin duda una de las que mejor supieron conjugar en su música country y rock desde su nacimiento en 1992. Por algo se les considera uno de los grandes grupos que dio el country alternativo en esa época llegándose a afirmar que eran la mezcla perfecta entre Hank Williams y The Replacements. En 1992 debutan con un disco homónimo, al que sigue el espléndido *The Brooklyn Side* (1995), con el que consiguen el reconocimiento de la crítica y, sobre todo, el fichaje por Atlantic. Pero pronto aparecerán los problemas con la discográfica y eso llevará a que su siguiente trabajo no se publique hasta 1997. Eso sí, *24 Hours a Day*

vuelve a ser otro espléndido disco en el que destaca la fuertemente influida por Neil Young «Things You Didn't Know». Después de conseguir la carta de libertad publican un mini LP de outtakes titulado *Leftlovers* (1998), al que sigue *Brand New Year* (1999). Apodados «la mejor banda de bar del mundo», el grupo no para de crecer y en 2002 publica un excelente álbum de versiones de Doug Sahm titulado *Songs of Sahm*, publicado por Bloodshot Records que se convertirá en su hogar a partir de entonces. Desde ese momento han combinado discos menores como *Blue Sky* (2003) con maravillas como *Zoysia* (2006) o *South Broadway Athletic Club* (2015).

BR5-49

Talento al cubo

1993
Nashville, Tennessee

Esta banda con nombre de número de teléfono es probablemente uno de los mejores combos que dio el country alternativo de los noventa. A medio camino entre el honkytonk, el western-swing, el rockabilly y el country rock, el grupo se basa en la excepcional capacidad musical de dos  monstruos como Gary Bennett y, sobre todo, Chuck Mead. Debutan en 1996 con un EP homónimo publicado por Arista y dos años después, tras haber girado con The Mavericks o The Black Crowes, lanzan su primer larga duración, *Big Backyard Beat Show*. La crítica se vuelve loca con ellos y muchos los definen como el punto de encuentro perfecto entre el country y el rock. Aprovechan una gira con Brian Setzer para grabar en 1999 su primer disco en directo, *Coast to Coast*, aunque la absorción de Arista por parte de Sony les perjudica y acaban quedándose sin discográfica. Así empiezan los rumores de disolución del grupo que, a pesar de grabar tres excelentes discos más, acaba haciéndose efectiva en 2006. Entonces, Mead inicia una espléndida carrera en solitario con fantásticos discos como *Journeyman's Wager* (2009) o *Back at the Quonset Hut* (2012), mientras Don Herron, otro de los miembros fundadores, gira con la banda de Bob Dylan. En 2012 el grupo volverá a la actividad realizando algunos conciertos y en 2015 publican el directo *Live at the Astrodome*.

Garth Brooks

Cien millones de fans no pueden estar equivocados

Troyal Garth Brooks
7 de febrero de 1962
Tulsa, Oklahoma

Con decir que este tipo ligeramente rellenito de Tulsa tiene 7 de sus discos colocados en la lista de los 10 discos de country más vendidos de todos los tiempos está todo dicho. Un auténtico fenómeno de ventas. Admirado por muchos por su capacidad para la melodía y para adoptar la grandilocuencia del rock de estadios en el género country (no en vano, el músico adora al grupo Kiss). Criticado por otros que usan precisamente los mismos argumentos para acusarle de olvidarse de lo esencial: la música. Algo que por otro lado no es cierto. Porque Brooks ha editado muy buenos discos de country desde que en 1989 debutara con un álbum titulado con su propio nombre. Las ventas no fueron mal pero su auténtico bombazo se produjo con sus dos siguientes trabajos. *No Fences* (1990) llegó a vender 700.000 copias en apenas 10 días y aportó a su carrera temas fantásticos como «The Thunder Rolls » o la honky tonk «Friends in Low Places». Aunque todavía más increíble fue lo de *Ropin' The Wind* (1991) que vendió cuatro millones de copias ¡antes de salir a la venta! Canciones como «Papa Loved Mama», «The River» o «Rodeo» no paraban de sonar en la radio y Brooks competía de tú a tú por llenar estadios con gente como The Rolling Stones o Guns'n'Roses. Su éxito comercial no parece tener fin y eso escuece a muchos en la industria del country, tremendamente exquisita y esnobista. Hasta 2001, Brooks publica

un total de 7 discos. Todos ellos alcanzan el primer puesto de las listas de country y 5 además hacen lo propio con las listas de pop norteamericanas. Las ventas se mueven entre los 12 millones de *Fresh Horses* (1995) y los 23 del citado *No Fences*. Una barbaridad. Por no hablar del millón de personas que vieron su concierto del 7 de agosto de 1997 en el Central Park de Nueva York. Una presión con la que Brooks no puede, abandonando el negocio en 2001 para dedicarse a su familia, poco después de haber recibido el premio como mejor artista country de la década anterior. El músico permanecerá desaparecido hasta que en 2007 vuelve para una serie de conciertos en el Hotel Wynn de Las Vegas al más puro estilo Elvis. A partir de aquí se tomará las cosas con más calma y dedicará mucho tiempo a causas humanitarias. Seguirá actuando en Las Vegas hasta que en 2014 decide salir de su retiro discográfico con *Man Against Machine*, álbum que por supuesto volverá a llevarle al número 1.

Buffalo Springfield

Equipo de ensueño

1966 – 1968
Los Ángeles, California

Una banda integrada por Neil Young, Stephen Stills, Richie Furay, Bruce Palmer o Jim Messina (su substituto) no es una banda cualquiera. Ese auténtico súper equipo de nombres se juntó en 1966 para acabar dejando que luchas de egos, problemas con las drogas, arrestos y continuos cambios de formación acabaran con su carrera en apenas tres años. Empezaron como residentes del mítico *Whisky A Go Go* y debutaron en lo discográfico con un disco sin título publicado el mismo año de su creación por Atlantic. Aunque fue con la publicación en enero de 1967 de la canción «For What is Worth» cuando el éxito les sonrió. De hecho, el disco fue reeditado para incluir en él la soberbia pieza, un canto contra la guerra de Vietnam considerada por *Rolling Stone* la número 63 de las mejores canciones de todos los tiempos. Con ella también empezaron las luchas internas, los enfrentamientos con sus productores y las carreras para ver quién componía más canciones. En 1967 publican *Buffalo Springfield Again* y el 5 de mayo de 1968 dan su último concierto en el Long Beach Arena, apenas unos meses antes de la publicación de *Last Time Around*, a la postre su último disco. Entonces empiezan las carreras de sus componentes en solitario.

Stills y Young acabarán integrando otro súper grupo, Crosby, Stills, Nash & Young, en el que las influencias del country también son notables. Young, por su parte, iniciará una exitosa carrera en solitario como músico de rock pero también con guiños al country. Stills dejará muestra de su calidad en sus discos en solitario y creando Manassas en 1971, proyecto en el que le acompañarán músicos del calibre de Chris Hillman, Al Perkins o Dallas Taylor. Richie Furay creará Poco junto a Jim Messina. Este, por su parte, formará junto a Kenny Loggins, el mismo año, el dúo country Loggins & Messina. Finalmente Bruce Palmer, lastrado por sus adicciones, solo sería capaz de grabar un disco en solitario.

Calexico

Tan tradicionales como experimentales

1990
Tucson, Arizona

Cuando en 1990 Joey Burns se incorpora a Giant Sand como bajista, grupo en el que John Convertino toca la batería, la semilla de Calexico está plantada. El grupo se forma en 1990 tras haber creado juntos previamente Friends of Dean Martínez. Ese mismo año ya publican su primer disco, *Spoke*, que reeditarán un año después y que deja claro desde un principio lo que el grupo va a significar, ya que su nombre está formado por la mezcla de California y México. Por tanto su música girará alrededor de un country alternativo que se combinará sin rubor con elementos de la cultura mexicana, el folk e incluso el indie.

The Black Light (1998), su segundo disco, consigue unas excelentes críticas pero como casi todos sus discos, no preparados para el gran público, no tendrá presencia en listas de éxito. Es algo que se repite con *Hot Rail* (2000), en el que incorporan elementos puramente mariachis, o el excelente *Feast of Wire* (2003), que no llegó a colarse ni en el top 20. A pesar de eso, tanto las críticas como sus seguidores los considera una banda esencial y de las más originales aparecidas en los noventa. En 2005 graban junto a Iron & Wine un EP de country-folk titulado *In the Reins*, con el que llegan a su puesto más alto en listas, el 12. Esa unión les hizo volver al Americana más clásico en su siguiente *Garden Ruin* (2006). *Carried to Dust* (2008), su último trabajo para una independiente, *Algiers* (2012) y *Edge of the Sun* (2015) repiten las excelentes críticas y las ventas discretas.

Glen Campbell

El capitán demoledor

Glen Donald Campbell
22 de abril de 1936
Billstown, Delight, Arkansas

Nacido cerca de Delight, en el seno de una familia tan numerosa como humilde de la comunidad de Billstown, Glen Campbell fue uno de los grandes nombres del country pop de las décadas de los sesenta y los setenta, aunque su estrella se apagó tras esos años. Eso sí, aprovechó los tiempos de bonanza para conseguir desarrollar también una importante carrera como actor. A los cuatro años ya tenía su primera guitarra que empezó a tocar como un diestro a pesar de ser zurdo, consiguiendo con dieciocho años formar parte de The Western Wranglers. Cumple su sueño de dedicarse a la música trasladándose a Los Ángeles y consigue grabar un single en 1961, «Turn Around, Look at Me» que llama la atención de Capitol, gracias a lo que acaba trabajando de músico de estudio para Elvis Presley, Ricky Nelson o Merle Haggard como líder de un grupo apodado La Tripulación Demoledora. Consigue entrar en The Beach Boys entre 1964 y 1965 como bajista temporal y sustituto de Brian Wilson y eso decide a la compañía a apostar por él. En 1965 graba «Gentle on My Mind» de John Hatford y no solo se cuela en las listas americanas sino que lo hace también en las canadienses o australianas. En 1967 graba «By the Time I Get to Phoenix» de Jimmy Webb y alcanza el número 2 en Estados Unidos y el 1 en Canadá. Encima coloca poco después la canción «True Grit» en la película *Valor de Ley*, protagonizada por John Wayne. Todo eso le lleva a convertirse en un auténtico triunfador en la siguiente década. Consigue un programa de televisión propio, graba canciones como «Rhinestone Cowboy» que supera los dos millones de copias en pocos meses y no deja de aparecer en películas, aunque todo se tuerce cuando en 1981 deja Capitol por una discusión sobre su siguiente single. A partir de ahí su carrera caerá en picado y ya no se recuperará. Se une a su conflicto con la discográfica sus problemas con las drogas y el alcohol y sus continuos conflictos con parejas que van y vienen. A mediados de los ochenta consigue superar sus adicciones y se convierte en un *born-again* (cristiano renacido) dedicando buena parte de su producción discográfica al góspel y canciones espirituales. Pero el tren de la fama ya ha pasado y le lleva varias millas de distancia. No cesa de grabar discos pero el éxito es menor y el tiempo de su country-pop para todos los públicos parece haber pasado. En 2011 anuncia que tiene Alzheimer y aunque no deja de girar de manera inmediata sí que anuncia su retirada de los escenarios en 2013. Por sorpresa regresa en 2015 con *I'll Be Me*, banda sonora de un documental sobre su figura, consiguiendo un sorprendente número 15 en las listas de country.

Hayes Carll

La última esperanza tejana

Joshua Hayes Carll
9 de enero de 1976
The Woodlands, Texas

Protegido por Billy Joe Shaver que ve en él a su sucesor, Hayes Carll debuta en lo discográfico con *Flowers & Liquor* (2002) y consigue que una industria tan cerrada, onanista y rígida como la del country se fije en él. Considerado por el Houston Press como el artista revelación de ese año, en 2005 repite con *Little Rock* y en 2008 con *Trouble in Mind*, un enorme tratado de country rock que incluye la canción «She Left

Me For Jesus», su primera presencia importante en las listas de éxitos. En el disco, además, cuenta con la presencia de su mentor Billy Joe Shaver, con el que firma a medias la canción «Drunken Poet's Dream», y de músicos del calibre de Brad Jones, Al Perkins, Chris Carmichael o Will Kimbrough. Aunque será con su siguiente trabajo, KMAG YOYO (2011), con el que dará un salto definitivo de popularidad. Nada parece fallar en un disco que aúna el country con el rock mercurial del *Blonde on Blonde* de Bob Dylan. Carll se confiesa en sus canciones con su habitual sarcasmo («soy como James Brown pero blanco y más alto») y plantea sus dudas («no soy un poeta, solo un borracho con una pluma») consiguiendo un disco honesto cargado de excelentes canciones. En 2016 llegaba su nuevo y esperadísimo trabajo, *Lovers and Leavers*, acústico y crepuscular, pero muy bien recibido por la prensa.

The Carter Family

Linaje de oro

1927
Maces Spring, Virginia

Pocas dudas habría a la hora de nombrar al grupo más influyente de la música country. El hipotético trofeo se lo llevaría The Carter Family por unanimidad. Introdujeron el hillbilly al folk pausado, creando estilo, convirtieron las armonías vocales en parte esencial de la música tradicional y modificaron la manera de tocar la guitarra dando forma a lo que se conoció como «Carter picking», por no hablar de un tipo de afinación que se convertiría en básica para el bluegrass, consiguiendo junto a Jimmie Rodgers modernizar un género que corría el peligro de caer en el hastío. Integrado originalmente por Alvin P. Carter, su esposa Sara y su cuñada Maybelle, es difícil decir si el country existiría o no si no hubiera existido primero una familia Carter, pero lo que es seguro es que no sería lo mismo.

Todo empezó con A. P. rebuscando entre la música tradicional de los Apalaches y las canciones populares británicas, a las que se unía sus propias composiciones, cosa que dio lugar a grabaciones como «Worried Man Blues» (1930), «Wabash Cannonball» (1929), «Can the Circle Be Unbroken»

(1935) y «Wildwood Flower»
(1928). The Carter Family se inició como tal en 1926 cuando el trío
empezó a enviar sus grabaciones a
diversas compañías. En 1927 graban seis canciones para Victor Records, entre las que se encontraba
«The Wandering Boys». La buena
recepción llevó a que firmaran un
contrato que los mantendría unidos
desde 1928 hasta 1935 en los que
grabarán algunas de sus canciones
más exitosas como las ya citadas o

«I'm Thinking Tonight of My Blue Eyes» (1929). Su fama se vio afectada
por las dificultades para organizar conciertos durante la Gran Depresión por
lo que la radio se convirtió en su principal medio de promoción. De hecho,
el grupo llega incluso a separarse en busca de otros trabajos que garanticen
su subsistencia económica. Todo parecía finiquitado cuando además, A. P.
y Sara se separan en 1932, aunque durante unos años mantendrán el grupo. En 1935 abandonan Victor y fichan por RCA, y en 1939 incorporan al
combo a algunas de sus hijas: Janette, Joe, Helen, Anita y June. También
grabarán para Decca e incluso para Columbia. En 1943 Sara decide retirarse
y A. P. también lo deja, quedando el grupo en manos de Maybelle y sus hijas
Anita, Helen y June. Incluso durante un tiempo se presentan como Mother
Maybelle & The Carter Sisters, permaneciendo así hasta 1969, aunque en
1956 se habían separado brevemente por segunda vez. Cuatro años después
A. P. muere y en 1966 Maybelle vuelve a poner en marcha con fuerza el
grupo. Curiosamente tienen el honor de ser la primera banda ingresar en el
Country Music Hall of Fame, cosa que sucedió en 1970.

Siguieron en activo hasta 1978 con una formación prácticamente calcada,
año en que Maybelle fallece, por lo que sus hijas seguirán hasta 1996 ya sin
su madre. En 2012 John Carter Cash retoma el proyecto junto a Laura Cash
y Dale Jett.

Mención especial merece June Carter, probablemente el miembro de la familia que tuvo una carrera más consistente en solitario, aunque la sacrificó en buena parte cuando a finales de los sesenta se casa
con Johnny Cash y dedica sus esfuerzos al éxito de su marido. June tocaba guitarra, banjo y autoharpa, además de cantar y ser una excelen-

te compositora. Recibió diversos premios por dúos con Cash e incluso
ganó un Grammy por su disco en solitario *Press On* (1999). Fallecida en
2003, ganó dos Grammys más gracias al póstumo *Wilwood Flower* (2003).

Neal Casal

Fotógrafo de canciones

2 de noviembre de 1968
Denville, Nueva Jersey

Neal Casal no solo es un excelente
músico sino también un fantástico
fotógrafo, cosa que le ha permitido capturar con su cámara buena
parte de su carrera. Una trayectoria que se inicia en 1994 con
Fade Away Diamond Time, trabajo
que lo coloca a la cabeza del rock
americano de los noventa y que
recibe unas críticas fantásticas.
Rain, Wind, and Speed (1996) es
la continuación que le permitirá
fichar por Gliterhouse Records
para publicar sus dos siguientes trabajos, *Field Recordings* (1997) y *The Sun
Rises Here* (1998). Tras ese paso firma por Fargo, donde publicará *Basement
Dreams* (1999), *Black River Sides* (1999), *Anytime Tomorrow* (2000), *Return in
Kind* (2005), *No Wish to Reminisce* (2006) y *Roots and Wings* (2009) . Su estilo
amable, caracterizado por su cristalina y espléndida voz, y la calidez de sus
canciones, facilitan la acogida de su trabajo por parte del público y lo convierten en uno de los supervivientes del Americana de los noventa.

Paralelamente al proyecto Hazy Malaze, en el que explora su espíritu más
negroide, en 2005 se anuncia el fichaje de Casal por los Cardinals de Ryan
Adams. Con ellos grabará cuatro discos y un EP, *Easy Tiger* (2007), *Follow
the Lights* (2007), *Cardinology* (2008), *III/IV* (2010) y *Class Mythology* (2011).

Casal se convertirá en ese período en mano derecha del de Jacksonville y un elemento esencial para definir el rock americano que caracteriza al músico. Siempre metido en proyectos paralelos, Casal también tiene tiempo de participar en discos de Tift Merritt, Lucinda Williams, Mark Olson o Willie Nelson y de embarcarse en 2013 en el súper grupo de raíces Hard Working Americans junto a Todd Snider, Dave Schools, Chad Staehly y Duane Trucks. En 2010, además se había anunciado su entrada como guitarra solista de la banda Chris Robinson Brotherhood, liderada por el antiguo cantante de The Black Crowes y con los que ya ha grabado tres discos. Sin abandonar su carrera solista, en 2012 publica *Sweeten the Distance*, otro notable trabajo.

Johnny Cash
El hombre de negro

John Ray Cash
26 de febrero de 1932 - 12 de septiembre de 2003
Kingsland, Arkansas

No es descabellado calificar a Johnny Cash como uno de los músicos más influyentes, no solo de la música country, sino de toda la música realizada en el siglo xx. Un músico que empezaría a escribir canciones a los doce años después de vivir la cruel muerte de su hermano mayor, al que admiraba enormemente, hecho que inició una tortuosa relación con un padre que había perdido en aquel accidente a su hijo favorito. Johnny escuchaba las canciones de la radio, especialmente a la Carter Family, y soñaba con ser algún día músico, aunque primero se alistaría en las Fuerzas Aéreas. Licenciado en 1954 y residente en Memphis, formó The Tennesse Two junto a Luther Perkins y Marshall Grant e intentó conseguir un contrato con Sun Records presentándose como artista de country. Sam Phillips lo rechazó hasta que el muchacho se presentó con «Hey Porter» que, cantada con su voz de barítono, amenazaba con derrumbar muchos muros en el género. Completada por «Cry, Cry, Cry» en la cara B, la canción entró como un tiro en las listas y en 1955 se convierte en número 14, además de llevar a Cash a ser miembro del Lousiana Hayride donde permanecería más de un año.

En 1957 Johnny Cash publica su primer larga duración *Johnny Cash with His Hot and Blue Guitar*, que incluye alguno de sus grandes éxitos como «I Walk the Line» (1956), su primer número 1 o «Folsom Prison Blues», compuesta durante su estancia en el ejército. Ese mismo año forma parte del Grand Ole Opry e inicia sus problemas con Sun Records. Cash quería grabar discos de góspel y a Phillips no le convencía, por lo que su relación se rompe en 1958 pasando Johnny a formar parte del elenco de Columbia Records tras haber dejado en Sun cuatro números 1. La nueva compañía solo tuvo que esperar a que Cash publicara su segundo sencillo con ellos, «Don't Take Your Guns to Town», para conseguir su primer número 1. Sun siguió tirando de catálogo para aprovechar el éxito de Johnny y combinó sus lanzamientos con los de una Columbia encantada con su nuevo fichaje y al que permitían combinar discos de éxitos con grabaciones góspel y discos conceptuales, una de las grandes obsesiones de Johnny. Convertidos los Tennesse Two en Tennesee Three con la adición del batería W. S. Holland, Johnny sigue adelante consiguiendo éxitos y metiéndose en una vorágine de consumo de drogas y alcohol que convertía sus shows en auténticas bombas de relojería absolutamente incontrolables. Pronto entabla relación más allá de lo profesional con June Carter, que acabará convirtiéndose en el amor de su vida y se divorcia de su primera mujer, Vivian Liberto, en 1966. De hecho, su segundo número 1 para Columbia será una canción compuesta por June y Merle Kilgore, «Ring of Fire» (1963), que Cash hace totalmente suya. Expulsado del Opry, detenido en México trasladando barbitúricos y con su compañía de uñas, Cash se basa en la ayuda de June para salir adelante. Se casarán en 1968, justo el mismo año en que Johnny graba *At Folsom Prison*, registrado en directo en el penal de máxima seguridad y que se convertirá en su disco más popular y por supuesto en número 1. Johnny empezó a tomar partido por los más desfavorecidos y a vestir de negro, cosa que le aportó el apodo por el que sería conocido para siempre, *The Man in Black*. En los setenta su popularidad no desciende, consigue un programa de éxito en televisión como *The Johnny Cash Show* y reafirma su cristianismo. Además sus duetos junto a June funcionan de forma espléndida.

En 1980, Johnny Cash se convierte en el miembro más joven en ingresar en el Music Hall of Fame pero como a la mayoría de artistas del género, la década no le trata bien. En 1985 intenta salir adelante formando The Highwaymen junto a Waylon Jennings, Willie Nelson y Kris Kristofferson, pero ni por esas. Al año siguiente rompe con Columbia y firma con Mercury pero las cosas no mejoran y su carrera parece acabada.

Pocos preveían su resurgir, pero pasó. En 1993 acaba su contrato con
Mercury y el famoso productor Rick Rubin le convence para firmar un
contrato con su compañía, American Recordings, y grabar de forma acústica canciones de Nick Lowe, Leonard Cohen o incluso el músico de metal
Glenn Danzig. El disco *American Recordings* (1994) es el que hace 81 en la
carrera de Johnny Cash y es una auténtica maravilla que lo pondrá de nuevo
en un primer plano, no solo en el country sino también en las listas de pop,
descubriéndolo para muchos jóvenes que apenas habían oído hablar de él.
Para el segundo volumen de las American Recordings, Cash y Rubin cuentan con Tom Petty y los *Heartbrakers* como banda de apoyo y *Unchained*
(1996) vuelve a ser una maravilla, como su continuación *Solitary Man* (2000)
o el inmenso *The Man Comes Around* (2002) en el que incluye una versión
escalofriante de «Hurt», tema del grupo de rock industrial Nine Inch Nails,
en el que un Johnny afectado por graves problemas de salud se muestra
tan frágil como poderoso en su cantar. Poco después de esa grabación June
Carter fallece y Johnny entra en una profunda tristeza de la que ya no saldrá,
muriendo cuatro meses más tarde a causa de complicaciones en la diabetes
que padecía. Aunque un par de volúmenes más de las American Recordings
vieron la luz, Johnny Cash ya no estaba aquí para verlo. Con él se iba una
estrella del country que a lo largo de toda su carrera mantuvo una actitud
más cercana al rock and roll que la mayoría de músicos del género.

Rosanne Cash

La primogénita también sabe cantar

24 de mayo de 1955
Memphis, Tennessee

La hija mayor de Johnny Cash, fruto del matrimonio con su primera esposa, Vivian Liberto, ha conseguido desarrollar una interesante carrera en el country rock superando las reticencias que su nombre pudiera suscitar. Rosanne tuvo que vivir la separación de sus padres tras unos años en los que éste permaneció ausente del hogar familiar durante la mayor parte del tiempo. A pesar de eso, la relación con su legendario progenitor es buena y en 1974 debuta en un disco de Johnny, *The Junkie and the Juicehead Minus Me*, cantando en la versión del tema de Kris Kristofferson «Broken Freedom Song». De hecho Johnny Cash grabará una canción de su hija un par de años más tarde, «Love Has Lost Again». En 1978 conoce a Rodney Crowell, con el que acabará casándose, y graban juntos su homónimo disco de debut en Alemania. Tras pasar a formar parte de la banda de acompañamiento de su marido, The Cherry Bombs, en 1980 publica *Right or Wrong* con Columbia. El disco funciona de forma fantástica. Las colaboraciones de Emmylou Harris, Bobby Bare, James Burton o Ricky Scaggs engrandecen las composiciones propias y buenas versiones de su padre o su marido. Pero Rosanne queda embarazada y apenas presenta el álbum. En 1981 llega *Seven Year Ache* y la cosa vuelve a funcionar, colocando la canción que da título al disco en el número 1. *Somewhere in the Stars* (1982) mantiene el nivel pero *Rhythm & Romance* (1985) lo baja (en cuanto a calidad, que no en ventas) y mucho, a pesar de lo cual llega a ganar un Grammy con el que es probablemente su peor álbum hasta el momento. Entre ambos discos, además, Rosanne ha de tratarse de su adicción a diversas sustancias.

Su siguiente trabajo, *King's Record Shop* (1987), vuelve a ser magnífico con versiones de John Hiatt o Benmont Tench y la producción, una vez más, de Rodney Crowell. Será su último disco juntos. En *Interiors* (1990) se empiezan a reflejar los problemas de pareja que acabarán con su divorcio en 1992. Este desenlace que se manifestará en el notable *The Wheel* (1993), producido por su futuro marido John Leventhal. Los años noventa transcurrirán plácidamente hasta que en 1998, y tras haber publicado un par de años antes

10 Song Demo, se le detectan unos pólipos en la garganta que la obligan a retirarse. Regresará en 2003 con el aclamado *Rules of Travel*, al que seguirá *Black Cadillac* en 2006 y, sobre todo, *The List* en 2009, un álbum en el que versiona las canciones de una lista que le hizo su padre con los temas esenciales de la historia del country. En 2014 publica *The River & The Thread* y llega a su mejor puesto en las listas desde 1985, alcanzando el número 2.

Kasey Chambers

La gran dama del country australiano

4 de junio de 1976
Mount Gambier, Australia Meridional

Puede sorprender que una de las mejores cantantes del country rock actual provenga de Australia pero Kasey Chambers es la persona que hace realidad esa afirmación. Tras intentar ganarse la vida con la caza de zorros, en 1986 los Chambers forman el grupo familiar Dead Ringer Band, a imagen y semejanza de The Carter Family. Kasey permanecerá en la banda, que obtiene algunos sonoros éxitos, hasta que en 1998, y tras la separación de sus padres, publica su magnífico debut, *The Captain*, aunque en el álbum le seguirá acompañando parte de su familia. A ellos se unieron nada más

y nada menos que Buddy y Julie
Miller para dar forma a un trabajo considerado el mejor disco de
country de Australia ese mismo
año, alzándose hasta la categoría
de doble disco de platino. Además,
la canción que le daba título acabó formando parte de la banda sonora de la serie *Los Soprano*, cosa
que colaboró a que el álbum se
colara en los primeros 50 puestos
de las listas de Billboard yanquis.
Barricades & Brickwalls (2001), su

segundo paso, va todavía mejor y la lleva hasta el número 1 australiano y
el 13 en Estados Unidos, por no hablar de sus siete discos de platino. En
2006, otra de sus canciones, «The Hard Way», vuelve a repetir como banda
sonora de una serie, en este caso *Lost*, y su fama vuelve a crecer. En Australia
sus discos se cuentan por números uno y en Estados Unidos siempre logra
puestos aceptables en las listas. En 2005 se casa con el también cantante Shane Nicholson, con el que grabará un par de interesantes discos entre los que
destaca *Wreck & Ruin* (2012). Su trabajo más reciente vuelve a ser un disco
notable, *Bittersweet* (2015).

Guy Clark

La calma de Texas

Guy Charles Clark
6 de noviembre de 1941 – 17 de mayo de 2016
Monahans, Texas

No puede ser casual que nombres como los de Steve Earle o Rodney
Crowell te citen como su principal influencia. Y es que hablar de Guy Clark
es hablar de uno de los compositores más extraordinarios del country posterior a 1970. Criado por su abuela mientras su madre trabajaba y su padre

estaba en el ejército, Clark
desarrolló rápidamente
una habilidad innata para
la música que se combina-
ba con un perfeccionismo
que le acompañó el res-
to de su carrera. Se inició
cantando las canciones en
español que le enseñaba
su abuela para, al trasladarse a Houston, intentar
el inicio de una trayec-
toria como músico. Para
ello fue esencial conocer
a Townes Van Zandt, con
el que giraría en varias
ocasiones, y al bluesman
Lightnin'Hopkins. Del
primero, íntimo amigo

suyo, aprendió la sutileza, la sedosidad de las palabras y el aroma country
de las guitarras, y del segundo se llevó la crudeza del blues. Tras vivir un
tiempo en California, llega a Nashville en 1971 donde empieza a trabajar
como compositor para acabar firmando un contrato con RCA. Cuando en
1975 se publica *Old No.1*, su primer disco, Jerry Jeff Walker ya ha convertido un tema suyo, «L. A. Freeway», en un éxito. Su debut como artista es
una maravilla en la que participan gente como Steve Earle, Emmylou Harris, Rodney Crowell o David Briggs y que además contiene su gran clásico
«Desperados Waiting for a Train». Desde entonces, ese perfeccionismo del
que hablábamos se ha adueñado de su carrera por lo que Clark no se prodiga
en exceso (apenas nueve discos en los siguientes 20 años), aunque se convierte en garantía de calidad. Mientras, gente como Johnny Cash, George Strait,
David Allan Coe, Vince Gill, Bobby Bare o Ricky Scaggs iban convirtiendo
en éxitos buena parte de sus composiciones. En 2012 su mujer, la artista y
también compositora Susanna Clark, fallecía a causa de un cáncer y Guy le
dedicaba su siguiente disco, *My Favorite Picture of You*, con el que obtendría
un merecidísimo Grammy. Un cáncer acababa con su vida a los 74 años.

Slaid Cleaves

Una voz privilegiada

Richard Slaid Cleaves
9 de junio de 1964
Washington, D.C.

Slaid Cleaves pasó su infancia intentando ser Bruce Springsteen junto a su amigo Rod Picott con el que no paraba de montar grupitos juveniles poco longevos. En 1985 se traslada a Irlanda y durante un tiempo sobrevive como cantante callejero hasta que decide volver a Estados Unidos con el objetivo de ser músico. En 1990 consigue autoeditar una cinta de casete titulada *The Promise* y repite estrategia un año más tarde con *Looks Good From The Road*. Ambas serán reeditadas conjuntamente después de su salto a la fama. Este se iniciará cuando en 1992 gane el prestigioso concurso de Folk de Kerrville, certamen que anteriormente había galardonado a Robert Earl Keen o Steve Earle. Su nombre empieza a ser reconocido y su voz, una mezcla perfecta entre el preciosismo de Roy Orbison y la sensibilidad de Townes Van Zandt, se convierte en su principal activo. En 1997 confirma las expectativas con su cuarto álbum, *No Angel Knows*, y se convierte en el secreto mejor guardado de Austin, ciudad a la que se ha trasladado. Discos como *Broke Down* (2000), *Unsung* (2006) o *Everything You Love Will Be Taken Away* (2009) son fantásticos y muestras fehacientes de su fascinante capacidad interpretativa y su buen hacer en la composición, aunque probablemente es suficiente con escuchar su directo *Sorrow & Smoke: Live at the Horseshoe Lounge* (2011) para caer rendido a sus pies.

Clem Snide

La genialidad de Eef

1991
Boston, Massachusetts

A medio camino entre el indie-rock y el country alternativo, no se puede entender la trayectoria de esta banda con nombre extraído de la obra de William S. Burroughs sin pararse en su líder y principal compositor, Eef Barzelay. No debutan discográficamente hasta 1991 con *You Were a Diamond* y Barzelay es rápidamente comparado con nombres como los de Jeff Tweedy o Jay Farrar. Las buenas críticas provocan que fichen rápidamente por una gran discográfica, Sire Records del grupo Warner, con la que editarán su siguiente trabajo, *Your Favorite Music* (1999). En 2001 publican su mejor trabajo, *The Ghost of Fashion*, momento en el que empieza un declive que los llevará a separarse en 2005. Barzelay aprovechará entonces para publicar en solitario *Bitter Honey* (2006) y sobre todo el aclamado *Lose Big* (2009). Ese mismo año, el grupo se reúne y publica *Hungry Bird*, además de ceder canciones para series televisivas como *Californication*, o más adelante *The Good Wife*. En 2015 editaban el notable *Girls Come First*, en el que hacían patentes todas sus influencias que recogen a nombres como Willie Nelson, Bonnie Prince Billy o M. Ward.

Patsy Cline

La eterna inspiración

Virginia Patterson Hensley
8 de septiembre de 1932 – 5 de marzo de 1963
Winchester, Virginia

Cientos son las cantantes de country que han reconocido en la voz de contralto de Patsy Cline una de sus grandes inspiraciones a pesar de solo publicar tres discos en vida. Aunque quizá su gran valor, más allá de su indiscutible calidad, esté en que consiguió romper las barreras de un género eminentemente masculino. Estudiante autodidacta de piano desde los ocho años, una joven Virginia Patterson combinaba sus aventuras con la canción con su trabajo en una granja avícola. En 1952 entra en el grupo de Bill Peer y este le anima a cambiar su nombre por el de Patsy, adoptando el apellido de su matrimonio con Gerald Cline. En 1954 ya tiene un contrato de grabación y en 1957 participa en el programa de nuevos talentos de Arthur Godfrey, ganándose al público con «Walkin 'After Midnight».

En 1960 se une al Grand Ole Opry y un año después obtiene su primer número uno con «I Fall to Pieces». Su forma de unir country y pop es devastadora para las audiencias y se convierte en una auténtica estrella. Su siguiente canción, «Crazy», escrita junto a Willie Nelson, llega hasta el número 2 y al año siguiente, «She's Got You» la retorna al primer puesto, lo que hará que pueda incorporarse a la gira de Johnny Cash por todo el país. Además se dedica a fomentar la aparición de más mujeres en el country, ayudando a artistas como Loretta Lynn a asomar la cabeza.

Pero en el mejor momento de su carrera y probablemente de su vida, Cline fallece en un accidente aéreo en Camden, Tennessee, convertida en una leyenda. En 1973 ingresa póstumamente en el Country Music Hall of Fame y en 1985 recibirá un homenaje a su valor con la película de Hollywood *Sweet Dreams*, protagonizada por Jessica Lange.

David Allan Coe

El barítono de las profundidades

6 de septiembre de 1939
Akron, Ohio

Aunque habitualmente se olvida citar a David Allan Coe cuando se habla del movimiento outlaw, no hay duda que tanto por vida como por carrera musical debería ser recordado siempre. No en vano sus letras cumplen todos los cánones: drogas, alcohol, cárceles, asesinatos… A los nueve años era ingresado en su primer correccional de menores y hasta los veinte se pasó la vida entrando y saliendo de diferentes centros. Encerrado en la cárcel, conoció a Screamin'Jay Hawkins y este le animó a canalizar su rabia haciendo canciones. En 1967, al abandonar una de esas prisiones, se larga a Nashville y se pone a vivir en un coche fúnebre en la calle. Toca en cualquier sitio que le dejen y consigue un contrato con la independiente Plantation Records. Con ellos publica *Penitentiary Blues* (1970) y consigue irse de gira con Grand Funk Railroad. A la que adquiere un poco de éxito se hace un traje de diamantes con el que sale a escena parapetado tras una máscara. Sus conciertos se tornan imprevisibles: aparece en el escenario con su Harley, insulta al público o directamente les escupe. Eso le crea una merecida mala fama entre el puritano público norteamericano que no está preparado para sus espectáculos por lo que sus canciones funcionan mejor en la voz de otros que en la suya propia. Billie Jo Spears, Tammy Wynette, George Jones, Willie Nelson o Tanya Tucker, que consigue un número 1 en 1973 con «Would You Lay With Me (In A Field Of Stone)», serán algunos de los muchos intérpretes que recurrirán a su repertorio. Johnny Paychek repetirá posición con «Take This Job and Shove It».

Él siguió haciendo discos, destacando *Son of the South* (1986), en el que le acompañan otros outlaws como Willie Nelson, Jesi Colter o Waylon Jennings, pero también teniendo problemas continuos por su carácter irascible. Pre-punk, country-outlaw, redneck o voodoo-blues, probablemente fue el periodista William Ruhlmann el que más se acercó a llegar a definirlo al apodarlo «el barítono de las profundidades».

Jessi Colter

Outlaw con nombre de mujer

Miriam Johnson
25 de mayo de 1943
Phoenix, Arizona

Hija de una predicadora Pentecostal, con solo 11 años ya se había convertido en la pianista de la iglesia de su madre. Muy joven empieza a tocar en locales del área de Phoenix. Después de formar parte de la banda del guitarrista de rock & roll Duane Eddy, acaba casándose con él en 1962 y bajo el nombre de Miriam Eddy escribe canciones para Don Gibson, Nancy Sinatra y Dottie West. Como Miriam Johnson publica el sencillo «Lonesome Road», que apenas tiene repercusión, y se dedica a componer para otros. En 1968 se divorcia y un año después conoce al que será el gran amor de su vida, Waylon Jennings, quien además le ayudará a fichar por RCA. Adopta un nuevo nombre artístico como tributo a Jess Colter, un antepasado suyo que había formado parte de la banda del forajido Jesse James, y se estrena en las listas con «I Ain't the One», cantada a dúo junto a Jennings e incluida en su disco de debut, *A Country Star is Born*, coproducido también por su nuevo marido junto a Chet Atkins. Pero RCA no creyó en el disco, que tuvo una repercusión nula, por lo que Colter abandona la compañía y se dedica a fomentar el dúo Waylon & Jessi, que el mismo 1970 obtiene un gran éxito en las listas con la versión del «Suspicious Minds» de Elvis. Tendrá que esperar hasta 1975 para conseguir el éxito como solista gracias a «I'm not Lisa», con la que alcanzará el número 1 de Billboard y que se incluye en su primer disco para Capitol, *I'm Jessi Colter*. Rápidamente queda incluida en el llamado outlaw country junto a Waylon, Willie Nelson, Johnny Cash o David Allan Coe, siendo la única representante femenina en el género, condición que refuerza en 1976 al participar en el álbum colectivo *Wanted! The Outlaws*. Tras varios buenos discos, en 1981 se retira para dedicarse a cuidar a su hijo Shooter Jennings, nacido un par de años antes, aunque publica algún single puntual, para volver en 1984 con *Rock and Roll Lullaby*. En esa fecha lo dejará definitivamente para intentar sacar a su marido de sus adicciones y solo saldrá de su retiro para grabar un disco para niños en 1996. Pero en 2002 Waylon fallece como consecuencia de complicaciones provocadas por una diabetes producto de sus excesos, y Jessi vuelve en 2006 al primer plano discográfico con *Out of the Ashes*, interpretando canciones de Bob Dylan, Tony Joe White y su hijo Shooter, que produce el álbum. Con él se confirma como una mujer clave en la historia de la música country al desarrollar la idea de que el country no es solo un estilo musical sino también un estilo de vida y, sobre todo, al confirmarse como una mujer capaz de destacar en un subgénero del country en el que únicamente había hombres.

Commander Cody

La música del espacio

George Frayne IV
19 de julio de 1944
Boise, Idaho

Convertido en Commander Cody, George Frayne IV fundaba en 1967 una banda en la que unía a su nombre los de Billy C. Farlow, John Tichy, Steve Schwartz, Steve Davis y Ralph Mallory, para bautizarlos como His Lots Planet Airmen. Cercanos al sonido de las bandas de pub-rock británico, tenían en común con estas ser, sobre todo, una banda de bar. Mezclando country, western-swing, rockabilly y boogie-woogie, se hacen un nombre en la escena de Michigan para acabar decidiendo trasladarse a San Francisco en un intento de adquirir notoriedad. Con el traslado algunos de sus miembros se quedan en el camino y se incorporan Andy Stein, Billy Kirchen, «Buffalo» Bruce Barlow y Lance Dickerson, formación con la que grabarán su primer disco, *Lost in the Ozone* (1971), en el que se incluía su célebre «Hot Rod Lincoln». A pesar del éxito de la canción todo el mundo parecía de acuerdo en que la banda no era capaz de capturar en disco la energía de sus directos y las ventas se resintieron de esa impresión. Algo parecido sucedió con el resto de discos de su carrera, por lo que en 1977 Commander Cody decide intentarlo en solitario con *Rock'n'Roll Again (Midnight Man)* con un resultado similar. Desde entonces, más de una decena de discos no han acabado de borrar la impresión de que Comamner Cody era una estrella del country rock solo cuando estaba cerca de la barra de un bar.

Ry Cooder

Incansable buscador

Ryland Peter Cooder
15 de marzo de 1947
Santa Mónica, California

Con tres años, Ry Cooder ya andaba jugueteando con una guitarra, así que no es de extrañar que con el tiempo se con-
virtiera en uno de los mejores guitarristas del mundo, especialmente en la técnica del slide y el bottleneck. Su padre, coleccionista compulsivo de discos y fan de Woody Guthrie, se encargó de darle las primeras lecciones sobre el instrumento y de aficio-
narlo a las emisoras de country & western.
En 1963, Cooder forma su primera banda de blues junto a Jackie DeShannon y en 1965 crea Rising Sons junto a Taj Mahal.

La cosa no funciona pero su prestigio ha aumentado, cosa que le permi-
te trabajar con Randy Newman, Captain Beefheart o The Rolling Stones, participando en la grabación del disco de estos últimos *Let it Bleed* (1969) y repitiendo en *Sticky Fingers* (1971).

En 1970 se estrena en solitario con un disco que, aunque incluye los erro-
res típicos de una primera producción, le muestra como un guitarrista con un futuro esplendoroso. Sus versiones de Woody Guthrie o Blind Willie Johnson, sin ir más lejos, son espléndidas y muestran a un músico cuya zona de confort se sitúa entre el blues y el country. *Into the Purple Valley* (1972) es ligeramente más country como demuestra la inclusión de la versión de «Hey Porter» de Johnny Cash, sonido al que colaboran la participación de músicos como Chris Ethridge o Jim Dickinson. La búsqueda constante de nuevos

horizontes para su música no cesará en toda su carrera y a ese country-blues irá añadiendo jazz, tex-mex, folk o cualquier estilo que se precie. Además se especializará en las bandas sonoras de películas, destacando por encima de las muchas que realiza *The Long Riders* (1980) y *Paris, Texas* (1985). Aunque sería injusto abandonar de esta forma la carrera de Cooder para centrarnos solo en sus bandas sonoras. El californiano no deja de publicar excelentes discos como *Get Rhythm* (1987), su decimoprimer trabajo y probablemente su disco más country, aunque es cierto que después de este pasará casi veinte años dedicado al cine. Eso sí, en 1991 forma junto a John Hiatt, Jim Keltner y Nick Lowe, Little Village, con los que publicará un notable disco de rock americano. Ya en el nuevo milenio volverá a publicar discos propios ajenos al mundo del séptimo arte entre los que destacan, sin entrar en el apartado latino ajeno a este volumen, *San Patricio* (2010) a medio camino entre el tex-mex y la canción irlandesa grabado junto a The Chieftains, *Pull Up Some Dust and Sit Down* (2011), Americana puro y duro, o el muy político *Election Special* (2012).

Cracker

El encuentro de dos genios

1990
Redlands, California

La banda californiana Cracker podría pasar por la unión perfecta de dos auténticos genios de la música contemporánea: Johnny Hickman y David Lowery. Después de un tiempo al frente de la banda de rock alternativo Camper Van Beethoven, Lowery quiso dar salida a su pasión por la música de raíces, para lo que se reunió con Hickman y el bajista Davey Faragher dando forma a Cracker. Casi sin darse cuenta consiguen un contrato con Virgin y se trasladan a Richmond, Virginia. Con la ayuda de varios baterías distintos, entre los que destaca la presencia de Jim Keltner, graban su homónimo debut en 1992 y se ponen al frente de las bandas de country alternativo de los noventa, aunque apuestan más por el rock que por la música de vaqueros. Un año más tarde, con *Kerosene Hat*, la cosa cambia y las texturas country rock encuentran más su espacio.  Además incluye su primer gran hit, «Low», jugada que se repite con *The Golden Age* (1996) y «I Hate my Generation». No tienen la repercusión de bandas como Wilco o The Jayhawks pero tanto compañeros músicos como crítica se ponen de acuerdo en su enorme calidad y su profunda clase. No en vano, Lowery es reclamado como productor por gente como Joan Osborne, Spaklehorse o Counting Crows. Con *Gentleman's Blues* (1998) se dejan llevar por sonidos más sureños y con *Forever* (2002) por el rock alternativo, pero en *Countrysides* (2003) descubren sus cartas versionando a gente como Dwight Yoakam, Merle Hagard, Ray Wylie Hubbard o Hank Williams Jr. Desde entonces su discografía no conoce un paso en falso. Son reflexivos. Dejan pasar un mínimo de tres años entre disco y disco pero cuando deciden publicar nuevo material son garantía de calidad. Además deciden volver a la independencia y desde allí publican con la pequeña Cooking Vinyl *Greenland* (2006), en el que saben combinar a la perfección el country rock con sonidos cercanos incluso al hard-rock o al blues más duro. Una perfecta radiografía de la personalidad de sus dos líderes. Lowery tiende a las raíces y Hickman al rock, y juntos forman una máquina perfecta. 2009 será el año de publicación de *Sunrise in the Land of Milk and Honey* y en 2014 llegará el espléndido *Berkeley to Bakersfield*. Un trabajo doble en el que cada disco refleja la dualidad que ya hemos apuntado en su música y que no hacía sino confirmarlos como una de las bandas más grandes del country alternativo surgido en los noventa.

Rodney Crowell

Honrando el oficio de songwriter

7 de agosto de 1950
Crosby, Texas

Que los ochenta fueran una de sus mejores etapas compositivas dice mucho de la enorme calidad de Rodney Crowell. El tejano no se dejó engullir por una década que se llevó a muchos por delante, en lo musical, y publicó en ella algunos de sus mejores trabajos. Que nombres como Waylon Jennings, Bob Seger, Emmylou Harris , Guy Clark o Bobby Bare hayan recurrido a su cancionero no hace más que confirmar esa impresión.

Crowell se inicia en la música tocando en la banda de bar de su padre y en los setenta abandona la universidad para largarse a Nashville, donde firmará contrato como compositor de la editorial de Jerry Reed. En 1974 llama la atención del productor de Emmylou Harris y acaba incluyendo la preciosa «Till I Gain Control Again» en el disco de esta *Elite Hotel* (1975). En 1977 Crowell graba su primer disco en solitario, el excelente *Ain't Living Long Like This*, publicado por Warner y en el que intervienen músicos de la calidad de Ry Cooder, Jim Keltner, Ricky Scaggs, Dr. John, Willie Nelson o la misma Emmylou Harris. Bien recibido, el disco es un perfecto arranque para una carrera magnífica y las composiciones de Crowell enseguida son comparadas con las de monstruos como Kris Kristofferson o Guy Clark mientras su estilo musical lo acerca a músicos como Jimmie Dale Gilmore. En 1979 se casa con Rosanne Cash y dedica buena parte de los siguientes años a la carrera de ella, aunque a finales de los ochenta publicará dos trabajos soberbios, *Diamonds & Dirt* (1988), del que extrae cinco canciones que llegan de forma consecutiva al número 1 y *Keys to the Highway* (1989). Los noventa suponen su peor época creativa y se dedica a airear sus problemas personales de pareja en discos como *Life is Messy* (1992), probablemente una respuesta al *Interiors* de su ya ex mujer Rosanne o *Let the Picture Paint Itself* (1995). Por fortuna, el cambio de siglo le sienta genial y en la siguiente década facturará cuatro espléndidos discs: *The Houston Kid* (2001), *Fate's Right Hand* (2003), *The Outsider* (2005) y *Sex & Gasoline* (2008). Sus siguientes trabajos serán básicamente colaboraciones son la excepción de *Tarpaper Sky* (2014), nuevamente magnífico. En 2012, bajo el título de *KIN*, había grabado un disco junto a *Mary Karr*, y en 2013 publica *Yellow Moon* junto a Emmylou Harris, obteniendo con un número 4 el mejor puesto de uno de sus discos en listas. Repetirán en 2015 con *The Traveling Kind*.

Billy Ray Cyrus

Dolorido y roto corazón

William Ray Cyrus
25 de agosto de 1961
Flatwoods, Kentucky

Si alguien puede ser definido como artista de una sola canción ese es Billy Ray Cyrus. Y es que la carrera de este músico hijo del político Ron Cyrus y padre de la artista de pop Hannah Montana, reconvertida luego en Miley Cyrus, está marcada definitivamente por la canción «Achy Breaky Heart». Después de tocar en los ochenta en una banda llamada Sly Dog, en 1992 debutará con *Some Gave All*, disco que incluía la dichosa tonada. Escrita por Don Von Tress y primero estrenada por The Macy Brothers, Cyrus cambió su nombre y la convirtió en el primer single de su disco de debut. La cosa

funcionó como un tiro. En Estados Unidos se convirtió en la primera canción country en ser certificada como single de platino desde que en 1983 lo hicieran Dolly Parton y Kenny Rogers con «Islands in the Stream»; en Reino Unido se alzó hasta el puesto número 3 de las listas y en Australia fue certificada como triple platino. Por no hablar de los más de veinte millones de copias que despachó el disco en todo el mundo. Además, la canción supuso la explosión del fanatismo por el baile en línea y los locales de country e incluso las discotecas más modernas se llenaron de bailarines ejecutando al unísono los pasos de la canción. En 2001 un tal Coyote Dax la tradujo al castellano y la volvió a convertir en un gran éxito como «No Rompas Más (Mi Pobre Corazón)». Curiosamente la revista *Blender* la escogió, probablemente con todo merecimiento, como la segunda peor canción de la historia, mientras el canal VH1 la consideraba en 2007 como una de las 100 mejores canciones de los noventa. Billy Ray Cirus grabó doce discos más tras *Some Gave All*, y aunque las ventas no fueron mal, gracias al rebufo de «Achy Breaky Heart», las críticas fueron devastadoras. También lo intentó en televisión, ejerciendo de padre de su propia hija en la serie de Walt Disney *Hannah Montana*. Actualmente se encarga de los negocios de la chica convertida en súper estrella del pop.

D

Charlie Daniels

Un buen chico de Carolina del Norte

Charles Edward Daniels
28 de octubre de 1936
Leland, Carolina del Norte

Durante mucho tiempo la Charlie Daniels Band representó los valores de la América más conservadora frente a aquellos outlaws que se jactaban de permanecer en el límite de la ley y le cantaban a asesinos, ladrones y personajes de baja posición social. Daniels y los suyos eran limpios, honrados y escribían sobre las bondades de ser americano.

Este hijo de leñador, violinista y guitarrista, aparece por primera vez en el mundo musical como integrante de The Jaguars, para luego hacerse un nombre gracias a un tema incluido por Elvis Presley en uno de sus singles, «It Hurts me». Trasladado a Nashville, por la influencia del productor Bob Johnston se convirtió en un prestigioso músico de sesión, trabajando para Leonard Cohen, Ringo Starr, Pete Seeger, Flatt & Scruggs o, sobre todo, Bob Dylan, con el que grabó tres discos. En 1972 intenta formar una banda copiando a sus admirados Allman Brothers, dando así origen a The Charlie Daniels Band y consiguiendo una leve repercusión gracias a la canción «Uneasy Rider». Después de tres discos firmados con su nombre, el primero que firma como *Band* supone también su primer gran éxito. *Fire on the Mountain* (1974), que así se titula, lo coloca por primera vez dentro de los cincuenta primeros puestos de las listas de éxitos. El disco se aleja ligeramente del country de sus principios y abraza sin rubor el southern-rock, línea que continuará en *Nightrider* (1975) donde se incluye el que se convertirá en himno sureño «The South is Gonna Do It». Pero Daniels es tipo listo, y cuando se da cuenta que a finales de la década el rock sureño empieza a dar muestras de agotamiento lo abandona sin reticencias para volver al country con *Million Mile Reflections* (1979), que se convertirá en triple disco de platino gracias a su gran hit, «The Devil Went Down to Georgia». En 1980 graba el disco country conceptual *The Legend of Jesse James* junto a Levon Helm, Johnny Cash y Emmylou Harris, aunque la década será tan dura para él como para casi todos los artistas del género. De hecho ya no volverá a recuperarse y permanecerá en el mundo de la música como una leyenda en la sombra. A pesar de eso graba algunos buenos discos como *Renegade* (1991), el directo *The Live Records* (2001) y *Off the Grid: Doin' It Dylan* (2014), en el que lleva a su terreno country versiones del bardo de Duluth.

Dillard & Clark
Fantásticos exploradores

1968 – 1969
Los Ángeles, California

Nada malo podía surgir de la unión de dos talentos como los de Doug Dillard, antiguo miembro de The Dillards, y Gene Clark, ex miembro y uno de los compositores principales de The Byrds. El primero se encargaba de tocar guitarra, banjo y violín mientras el segundo hacia lo propio con las voces, guitarra y armónica. Considerados una de las grandes bandas que ayudó a desarrollar el country rock, publican solo dos discos mientras permanecen en activo, siendo considerado el primero de ellos, *The Fantastic Expedition of Dillard & Clark* (1968), una de las obras cumbres del género gracias a la unión de las hermosas melodías características de Clark con una instrumentación evidentemente country, aspecto en el que tuvo mucho que ver la producción de Larry Marks. Por si no fuera suficiente con la enorme calidad del dúo, Bernie Leadon ayuda en la composición de algunos temas y Chris Hillman (The Byrds) aporta su mandolina. La recepción comercial, eso sí, fue escasa, aunque mucho mejor que la de su segundo disco, *Through the Morning, Through the Night* (1969), lastrado por un excesivo número de versiones. Entonces decidieron dejarlo correr. Dillard retomó su carrera en solitario con *Duelin' Banjo* (1973) mientras Clark, que ya había editado por su cuenta *Gene Clark with The Gosdin Brothers* (1967) y *Echoes* (1967), recuperaba su carrera con *White Light* (1971) y *Roadmaster* (1972), predecesores del enorme *No Other* (1974). Por su parte, Bernie Leadon, que había sido esencial sobre todo para el resultado de su primer disco, acabaría formando parte de dos de las más grandes bandas del género: The Flying Burrito Brothers y los Eagles.

Dixie Chicks

Polluelas fuera del nido

1989
Dallas, Texas

Laura Lynch, Emily Robison, Robyn Lynn Macy y Martie Maguire formaban en 1989 un grupo de country femenino que pretendía demostrar que el
género no era solo cosa de hombres. En 1992 Macy abandonaba el grupo
y en 1995 Lynch era sustituida por Natalie Maines, dando lugar a la formación actual. Desde sus primeros discos el grupo se caracterizó por su apuesta
por las melodías, la exquisitez instrumental y, sobre todo, un claro y franco
posicionamiento político que les ha ocasionado más de un problema.

Debutan en 1990 con el discreto *Thank Heavens for Dale Evans*, eso sí,

con una espectacular y clásica portada ambientada en los discos de country
clásicos. *Little Ol' Cowgirl* (1992) no funciona mucho mejor y las cosas seguirán por el mismo camino con *Shouldn't a Told You That* (1993), por lo que
las chicas se toman un largo descanso. Tendrán que esperar hasta su cuarto
trabajo *Wide Open Spaces*, en 1998, para ya en formato trío obtener el reconocimiento multitudinario. Ganador de dos premios Grammy, el álbum ha
vendido hasta la actualidad la friolera de 12 millones de copias y contiene

éxitos como «I Can Love You Better» o «There's No Trouble». El grupo aprovechó la atención mediática para poner de manifiesto su postura anti-conservadora, lo que les supuso un buen número de críticas en su país y en un género bastante alejado históricamente de su ideología. A pesar de eso en 1999, *Fly* volverá a vender la nada despreciable cifra de diez millones de co-pias y *Home*, en 2002, se plantará en las seis. Los problemas más graves para ellas llegan tras la publicación del directo *Top of the World Tour: Live* (2003). En la gira de presentación del álbum, Maines declaró en un concierto en Londres que se avergonzaban de ser americanas y pertenecer al mismo país que George W. Bush, declaraciones que les llevaron a ser boicoteadas por las radios de todo Estados Unidos. Amenazas de muerte o quema masiva de sus discos, en algo que no se veía prácticamente desde los cincuenta, esta-ban a la orden del día, a lo que las chicas respondieron con la vehemencia de canciones como «Not Ready to Make Nice» (No preparadas para hacer las paces). La canción se incluye en *Taking the Long Way* (2006), disco con el que obtienen cinco premios Grammy pero que hace mella en las ventas, llegando solo a los dos millones. Quizá por ello, el trío decide tomarse una pausa. Forman grupos paralelos como Court Yard Hounds, lanzan discos en solitario, en el caso de Maines, y programan giras junto a grupos como los Eagles o Toby Keith pero muchos siguen esperando un regreso discográfico sin fecha aparente.

Drive By-Truckers
Otro milagro de Athens
1996
Athens, Georgia

Si algo ha caracterizado la pequeña ciudad de Athens, Georgia, es la nume-rosa cantidad de grupos que han surgido de allí, y uno de los más destacados es este combo formado por Patterson Hood y Mike Cooley en 1996, tras haber formado parte de Adam's House Cat. Con un sonido a medio camino entre el blues, el rock sureño y el country alternativo debutan en 1998 con

Gangstabilly, al que sigue *Pizza Deliverance* (1999). Pero es sin duda con el
álbum *Southern Rock Opera* (2001) que alcanzarán notoriedad y se harán un
lugar entre los preferidos de cualquier amante del country alternativo. El
disco, de modo conceptual, trata el auge y la caída de Lynyrd Skynyrd, mu-
tados en Betamax Guillotine. Obligados ante la enorme demanda a reeditarlo con Lost Highway Records, tras haberlo publicado en su propio sello,
la prestigiosa revista Americana *No Depression* lo consideró disco del año en
sus listas de 2002. Poco después fichan a Jason Isbell como guitarrista, una
incorporación esta que todavía dirige más su música hacia el country. En
2003 vuelven a publicar un disco conceptual con *Decoration Day* y los resultados de crítica y público vuelven a ser excelentes, por lo que repiten un año
después con *The Dirty South* logrando así completar una trilogía fantástica.
Su siguiente paso, *A Blessing and a Curse* (2006), bajará algo el nivel y el
grupo se aleja de sonidos americanos para acercarse al rock británico de los
setenta aunque poco después se convierten en la banda de apoyo de la legendaria Bettye LaVette en el magnífico *The Scene of the Crime* (2007), disco en
el que la *soulwoman* se adentra en el country versionando a Willie Nelson,
Don Henley o John Hiatt. En 2008 vuelven con otro disco que consigue
un montón de buenas críticas, *Brighter Than Creation's Dark* al que siguen
dos trabajos grabados en 2009 pero publicados por separado, *The Big To Do*
(2010) y *Go-Go Boots* (2011). Tras publicar en 2014 *English Oceans*, quizá el
más alejado del country de todos sus discos, y el triple directo *Its Great to Be
Alive* (2015), el grupo ya ha anunciado la publicación de su siguiente trabajo
a finales de 2016.

Bob Dylan

El bardo que calza camperas

Robert Allen Zimmerman
24 de mayo de 1941
Duluth, Minnesota

En marzo de 2016 la web de entretenimiento Cheatsheet Entertainment escogía las siete mejores canciones country de la carrera de Bob Dylan. Se inclinaba por «Lay Lady Lay», «If Not For You», «You Ain't Going Nowhere», «I'll Be Your Baby Tonight», «Lily, Rosemary, and the Jack of Hearts», «Girl From the North Country» y «Tonight I'll Be Staying Here With You». Abarcaba pues cuatro discos diferentes y un período básicamente de tres o cuatro años. Pero la influencia de la música country en la carrera de este músico esencial nacido en Duluth es mucho más amplia. No en vano Dylan siempre ha reconocido a Hank Williams o Jimmie Rodgers entre sus grandes referencias y en la actualidad su sonido transita entre el jazz y el western-swing. En 1966, en «Visions of Johanna», incluida en *Blonde on Blonde*, cantaba, «la emisora de música country suena suave y no, no hay realmente motivos para apagarla» y esa siempre ha sido su manera de convivir con el country.

Si exceptuamos un par de discos, Dylan nunca ha optado por trabajos puramente country pero siempre lo ha tenido en cuenta a la hora de definir su sonido. Quizá el primer tema abiertamente del estilo en la discografía de Dylan sea «Oxford Town», incluido en *The Freewheelin' Bob Dylan* (1963), senda que seguirían canciones como «North Country Blues» de *The Times They Are A Changin'* (1964). Aunque es en el período comprendido entre 1967 y 1969 cuando Bob se muestra más abiertamente cowboy. En 1967 publica *John Wesley Harding*, quizá su trabajo más fácil de definir como country rock. En esa época Dylan pasaba mucho tiempo con The Band y eso se nota en su música, mucho más rural. En 1969, por su parte, ve la luz *Nashville Skyline*, el disco country por excelencia de Dylan y en el que colabora el mismísimo Johnny Cash. El de Duluth incluso modifica su registro vocal para sonar más nasal como los viejos cantantes de honky tonk. Puntos álgidos de su relación con los sombreros Stetson, Bob Dylan nunca ha vuelto a sonar tan country como en esa época, aunque su relación con el estilo se ha mantenido a lo largo de toda su carrera.

Jakob Dylan

El hijo del bardo

Jakob Luke Dylan
9 de diciembre de 1969
Nueva York, Nueva York St.

¿Se hereda la capacidad artística? Este sería un curioso debate y este volumen va cargado de vástagos que de una manera u otra han seguido la carrera de sus reconocidos padres. Uno de ellos es Jakob Dylan, el único de los cinco hijos de Bob Dylan que ha seguido sus pasos en el mundo de la música. Pasó sus primeros años de vida en el Greenwich Village empapándose del folk que interpretaban los amigos de papá, pero rápidamente se vio atraído por el punk y, en especial, por The Clash. Después de pasar por varias bandas de juventud en las que intentaba conseguir ese sonido punk, conoce en Los Ángeles a Barrie Maguire, Peter Yanowitz y Rami Jaffee. Juntos formarán primero The Apples y poco después The Wallflowers. En 1992 lanzan un debut homónimo que recibe excelentes críticas pero el bombazo lo darán con *Bringing Down the Horse* (1995). El disco es un excelente ejercicio de country rock alternativo y su segundo single, «One Headlight», asciende rápidamente al puesto número 1 de las listas además de ganar dos premios Grammy. La voz de Jakob unido a esa forma de entender el rock con influencias de la música de raíces

parece imbatible. Y cuando parecían tenerlo todo a favor, probablemente mal aconsejados, decidieron modernizar su sonido con lo que numerosos fans empezaron a darles la espalda. Quizá por eso, Jakob inicia en 2008 una interesantísima carrera en solitario con la publicación de *Seeing Things*, fantástico trabajo que se mueve entre el folk y el country rock y que cuenta con la producción del gurú Rick Rubin. Dos años después repite con el no menos destacado *Women+Country*, producido por T-Bone Burnett y en el que se acerca más si cabe a la roots music. En la actualidad seguimos esperando un tercer capítulo de una carrera en solitario que amenaza con eclipsar la de su grupo.

E

Eagles

Las águilas que volaron más alto

1971 – 1980/1994 – 2016
Los Ángeles, California

Cuando escribo estas líneas Glenn Frey acaba de fallecer y su compañero Don Henley ha anunciado el definitivo y necesario fin de los Eagles. Juntos

habían formado la banda en 1971 junto a Bernie Leadon y Randy Meisner.
Un grupo que no iba a tardar en convertirse en leyenda. Y es que no podemos olvidar que, por ejemplo, *Their Greatest Hits 1971-1975* es uno de los
discos más vendidos de todos los tiempos con más de 26 millones de copias
facturadas, por no decir que entre 1975 y 1979 sacaron cuatro álbumes consecutivos que se convirtieron en número 1.

Después de recorrer juntos todo el país como miembros de la banda de
Linda Ronstadt en 1971, los cuatro músicos deciden dar forma a su primer
disco. El álbum homónimo, publicado en 1972, funciona como un cañón, en
parte gracias a su primer single «Take it Easy», compuesta por Frey y Jackson Browne. Un año después publican *Desperado*, una maravilla country rock
con piezas enormes como la que le da título, «Tequila Sunrise» o «Doolin-
Dalton». Las armonías vocales ya se han convertido en una de sus marcas
de fábrica y aunque eso dota a su sonido de cierta ternura, de la que se les
acusa permanentemente, el grupo en privado es una auténtica máquina de
destrucción masiva con problemas de drogadicción, prostitución, peleas y
un largo etcétera. En 1974 publican *On the Border* y se confirman como
infalibles. No fallan nunca y además han ayudado a definir no ya el country
rock de su época sino el del futuro, siendo de vital influencia para bandas
como The Jayhawks.

One of These Nights (1975) es su cuarto disco y a partir de él, el número 1
de las listas parece reservado para ellos. Porque en 1976 llega el insuperable
Hotel California, criticado a menudo probablemente por su sobreexposición,

pero que se me antoja un disco insuperable. Bernie Leadon ha sido sustituido por Joe Walsh y Randy Meisner lo será por Timothy Schmit poco después, pero da igual. Su sonido es una maravilla, sus canciones conjugan a la perfección la sensibilidad pop con el country tradicional y en directo son un cañón. Por no hablar de la lista de hits que han acumulado: «Hotel California», «New Kid in Town», «Best of my Love», «Already Gone», «Lyin' Eyes»... Pero las cosas, en lo personal, no van bien. Eso hace que las sesiones de grabación de su sexto disco se alarguen hasta 1979, momento en el que se publica *The Long Run*, probablemente lo más flojo de su carrera pero que seguramente sería el mejor disco de cualquier otro artista. Cuando en 1980 publican *Eagles Live*, la mayoría de sus miembros ya han empezado o reanudado sus carreras en solitario. El grupo se separa oficialmente poco después hasta que en 1993 ve la luz *Common Thread: The Songs of the Eagles* , en el que gente como Vince Gill, Lorrie Morgan, Suzy Bogguss o Clint Black recuperan sus grandes éxitos convirtiéndose en triple disco de platino. Eso hace que la banda se replantee una vuelta que se confirma con *Hell Freezes Over*, un concierto grabado en 1994, completado con cuatro nuevas canciones en estudio, que conseguirá unas ventas increíbles: 20 discos de platino en Australia, 8 en Estados Unidos y 2 en Canadá lo acreditan. A pesar de que no paran de girar, el grupo solo grabará un disco más, *Long Road Out of Eden* (2007), que repite unas ventas estratosféricas mostrando que su potencial comercial se mantiene hasta el fin de sus días.

Steve Earle

El señor country rock

17 de enero de 1955
Fort Monroe, Virginia

Decir que Steve Earle es uno de los grandes del country rock es una obviedad. De hecho es una de las figuras que ayudan a definir mejor el género. Earle se cría en los alrededores de San Antonio y desde bien joven desarrolla dos aspectos que definirán su vida: el amor por la música country y un activismo político que se inicia con su rechazo a la guerra de Vietnam.

En 1974, en Houston, conoce a una de las personas que más le influirá tanto en lo musical como en lo personal, Townes Van Zandt. Después de trasladarse a Nashville se convierte en el bajista de Guy Clark y participa en la obra maestra que es *Old No.1* (1975), empezando a preparar su carrera en solitario. Mientras, se gana la vida escribiendo canciones para otros como Patty Loveless o Carl Perkins.

En 1981 lanza un EP, *Pink & Black*, pero hasta que no publica su primer disco, *Guitar Town* (1986), su nombre no saltará a la palestra. Mientras otros como Randy Travis optaban por el tradicionalismo, Earle, sin perderlo, dota de músculo rock a sus canciones gracias en buena parte a su banda de acompañamiento, The Dukes. El disco, por sorpresa, llega al número 1 de las listas de country. Su continuación con *Exit 0* (1987) y el siguiente *Copperhead Road* (1988) demuestran que hay artista de largo recorrido. Este último, además, funciona de forma notable en las listas de rock. Pero sus problemas personales están a punto de llegar. Demandas de paternidad, peleas y adicciones peligrosas se reflejan en el descenso de calidad de *The Hard Way* (1990). En 1993 es arrestado por posesión de heroína y en 1994 por posesión de cocaína y de armas ilegales. Condenado a prisión, Earle pasa un tiempo entre rejas en el que mantiene correspondencia con Johnny Cash. Cuando sale, y tras pasar por varias curas de desintoxicación, publica *Train a Comin'* (1995), en el que recupera su nivel y, sobre todo, los magníficos *I Feel Alright* (1996) y *El Corazón* (1997), probablemente sus mejores discos y esenciales para comprender en qué consiste eso del country rock. En el último colabora en un tema con el grupo de bluegrass The Del McCoury Band y juntos graban un disco íntegro muy tradicional en 1999, *The Mountain*.

Earle parece situado en un nivel de calidad que roza la excelencia y lo repetirá en sus siguientes discos, que destacan básicamente por su implicación política en tiempos difíciles. *Jerusalem* (2002), afrontando temas como los atentados de las Torres Gemelas de Nueva York, y sobre todo *The Revolution Starts Now* (2004), un ataque frontal a la administración Bush, son esos dos trabajos. *Washington Square Serenade* (2007) baja algo el nivel pero se recupera con *Townes* (2009), disco dedicado a reproducir las canciones de su fallecido amigo. La sensación de piloto automático puesto se da en *I'll Never Get Out of This World Alive* (2011) y *The Low Highway* (2013), aunque *Terraplane* (2015) lo hace recuperarse inclinando su mirada hacia el blues.

Justin Townes Earle

Volando solo

4 de enero de 1982
Nashville, Tennessee

Ser hijo de Steve Earle no debe ser fácil, pero si además te colocan el nombre de Townes Van Zandt como homenaje al mejor amigo de papá ya la cosa empieza a ponerse pesada, porque parece que tienes que triunfar en la música sí o sí. Afortunadamente, Justin Townes lo ha conseguido, y eso que papá Steve no le ha ayudado demasiado, ya que han pasado separados y enfadados la mayor parte de su vida desde que el chico fue abandonado en brazos de su madre con apenas dos años. Tras formar parte de las bandas de rock The Distributors y The Swindlers, Justin pasa un tiempo como teclista de los Dukes de Steve, con su relación ya recuperada. En 2007 publica su primer disco en solitario, un EP titulado *Yuma*, en el que se muestra deudor de los sonidos de Ryan Adams o unos primerizos Wilco aunque con un deje

más tradicional. En 2008 llega su primer larga duración con el espléndido *The Good Life* y gira por todo el país junto a Gillian Welch y Dave Rawlings. Aunque su verdadero golpe sobre la mesa llegará en 2009 con *Midnight at the Movies*, en el que su estilo ya se ha hecho mucho más personal, mezclando a su
country-folk cualquier otro género que se le ocurra y que confirma *Harlem River Blues* (2010), probablemente su mejor disco.

Curiosamente en lo que no se ha separado demasiado Justin Townes de su padre es en el estilo de vida, y al igual que su progenitor ha tenido problemas con la ley y las drogas. En 2012 publica *Nothing's Gonna Change the Way You Feel About Me Now*, en el que el soul y el blues ya se han convertido en protagonistas de su música. Le seguirán *Single Mothers* (2014) y *Absent Fathers* (2015) con los que consigue que muchos críticos aseguren que su música supera a la de su padre en estos momentos.

The Everly Brothers

Dos mejor que uno

1957 – 2006
Shenandoah, Iowa

Aunque los hermanos Everly, Phil y Don, suelen ser más asociados al rockabilly que al country, su música debe mucho a este, por no hablar de su gran aportación al género: el sentimiento pop con el que dotaba a sus canciones. Además, entre sus compañeros de profesión siempre han sido mucho más respetados en el mundo del country rock que en el del rock and roll. Curiosamente, no fueron capaces de replicar en solitario su éxito como dúo.

Su padre Ike los introdujo en el mundo de la música, ya que era guitarrista, y además despertó la curiosidad de los chicos por los cantantes de country

que sonaban en la radio. Junto a su padre llegaron a realizar alguna aparición
radiofónica y muy pronto consiguen un contrato con Columbia con la que
graban «The Sun Keeps Shining», gracias a lo que Chet Atkins se fija en
ellos. Sus armonías vocales y juegos con las guitarras encantan al guitarrista
y productor que se convierte en su principal valedor. En 1958 publican su
disco de debut, titulado con su nombre, y se convierten en un auténtico
fenómeno de masas gracias a canciones como «Bye Bye Love» o «Wake Up
Little Susie», compuestas por los hermanos Bryant y ambas número 1 en
las listas de country y pop. Aprovechan el éxito y el mismo año lanzan otro
LP, *Songs Our Daddy Taught Us*, que también funciona de manera magnífica
manteniendo una calidad excelente. Su estilo, algo más dulce que los rockers
que salían de la Sun y algo más agresivo que los cantantes de country dulzón,
era ideal para el gran público y eso los mantuvo en una situación inmejorable
durante tres años, llegando a firmar en 1960 incluso por Warner. Curiosamente y aunque no tiene la calidad de sus grabaciones anteriores, los primeros discos que lanzan para su nueva compañía, *It's Everly Time* (1960) y sobre
todo *A Date with the Everly Brothers* (1960), que incluye «Cathy's Clown»,
obtienen sus mejores resultados comerciales.

Los sesenta no les fueron muy bien y a sus escasos éxitos se les unen
problemas de adicciones y de compatibilidad entre ellos. Pasada la década,
en 1972 grabarán su mejor disco en años, el country *Stories We Could Tell*,
con versiones de Kris Kristofferson y Jesse Winchester y la participación de
Graham Nash, Warren Zevon o Ry Cooder. Se separan en 1983 aunque en
2005 lo retoman con Albert Lee como guitarrista de su banda de acompañamiento. En 2006 abandonan su actividad como dúo definitivamente. Phil
fallecerá el 3 de enero de 2014.

F

The Flatlanders

Los tres amigos

1972
Lubbock, Texas

Cuando tres talentos como los de Jimmie Dale Gilmore, Joe Ely y Butch Hancock se juntan el éxito musical está garantizado. Bajo el nombre de The Flatlanders debutan en el festival de Folk de Kerrville en 1972, ganándolo. En 1973 se plantan en los estudios de Sun Records para grabar un primer disco, *Jimmie Dale Gilmore & The Flatlanders*, del que extraen «Dallas» como single, pero ante la recepción prácticamente inexistente del álbum deciden separarse y solo publican una edición limitada con ocho canciones.

Jimmie Dale Gilmore se traslada a Austin y tras enrolarse en diversos proyectos publica su primer disco en solitario en 1988, *Fair and Square*, al que sigue el habitual disco homónimo en 1989. Su reconocimiento empezará con su cuarto trabajo, *Spinning Around the Sun*, publicado por Elektra en 1993 y en el que muestra su cercanía al estilo outlaw pero desde una vertiente más emocional. Joe Ely será más precoz que Gilmore y publicará su primer disco, titulado como él en 1977, al que seguirá probablemente el mejor de sus casi veinticinco lanzamientos, *Honky Tonk Masquerade* (1978), un trabajo fantástico con versiones de sus colegas y que sirve de perfecto ejemplo de su country rock con dosis de tex-mex y outlaw. Su otro gran trabajo llegará en los noventa con la publicación de *Letter to Laredo* (1995). Butch Hancock tardará solo un año más que Ely en debutar en solitario con *West Texas Waltzes And Dust-Blown Tractor Tunes* (1978), el primero de sus dieciséis discos en el que desarrolla lo que muchos denominarán country progresivo, un subgénero influido por el outlaw y la contracultura de los sesenta.

En 1990 Rounder había publicado *More a Legend than a Band*, un recopilatorio que reunía esas ocho primeras canciones de The Flatlanders y alguna rareza y que muestran como el grupo era un auténtico avanzado a su época. Eso hace que los tres músicos, que nunca pierden el contacto, actúen juntos en más de una ocasión. Diez años después, tras reunirse para grabar una canción para la banda sonora de *El hombre que susurraba a los caballos*, están tan a gusto que deciden publicar el primer disco en condiciones de su carrera. Treinta años después de su debut llega su segundo trabajo, *Now Again*, publicado por New West Records y una auténtica delicia para los amantes del género. Desde entonces sus publicaciones, aunque espaciadas, han ido apareciendo. En 2004 llega el notablemente inferior *Wheels of Fortune* y en 2009 se recuperan bastante con *Hills and Valleys*. Paralelamente han mantenido sus carreras en solitario. Gilmore publicaba en 2011 su último trabajo hasta la fecha, *Heirloom Music*, Ely lo hacía en 2015 con el estupendo *Panhandle Rambler* y Hancock, algo más lejano, en 2006 con *War and Peace*, aunque ha participado en los discos publicados por sus dos colegas. Hermandad bien avenida.

Rosie Flores

La algarabía de Texas

Rosa Flores
10 de septiembre de 1950
San Antonio, Texas

No todo el mundo puede presumir de tener un día en una ciudad como Austin con su nombre. Y Rosie Flores sí. En 2006 el Consejo de la ciudad declaró cada día 31 de agosto como el día Rosie Flores en honor a una de sus más ilustres vecinas que, a pesar de no nacer en la ciudad, ha llevado su nombre por todo Estados Unidos. Descendiente de emigrantes, Flores monta su primera banda mientras vive en California, llamada Penelope's Children, a la que sucederá poco después Rosie & The Screamers, asentada ya en la zona de San Diego. Tras hacerse un nombre en el circuito de música country y rockabilly, ficha por Warner y graba su primer disco en el que incluye uno de sus grandes éxitos, «Crying Over You», y que supone el primero de una docena de muy buenos trabajos. Flores, además, ha destinado buena parte de su carrera a intentar recuperar a grandes artistas femeninas semiolvidadas del género. En 1995 gira con Wanda Jackson y con Asleep at the Wheel, y en 2007 produce un disco a Janis Martin que se publicará bajo el título de *The Blanco Sessions*.

John Fogerty

Country detrás del rock

John Cameron Fogerty
28 de mayo de 1945
Berkeley, California

Aunque en su época en la Creedence Clearwater Revival el country era una de sus básicas influencias llegando a publicar incluso un recopilatorio llamado *Creedence Country* (1981), esta se hará más evidente en John Fogerty cuando la banda desaparezca y él inicie su carrera en solitario. En 1973 el músico californiano publica *The Blue Ridge Rangers*, en el que graba versiones de artistas tradicionales de country como Hank Williams, Jimmie Rodgers o Merle Haggard. Un disco que vino precedido por la publicación de dos temas puramente country & western como «You Don't Owe Me» y «Back In The Hills». La estrategia no se repitió en 1975 con su disco homónimo, ya que Fogerty optó por temas más cercanos al rock and roll, que curiosamente, en aquel momento, le funcionaron comercialmente peor. Tras el fallido *Hoodoo* (1976), que ni siquiera llega a ver la luz tras ser grabado, llegará *Centerfield* (1985), que aunque no es tan campestre como su debut es evidentemente country rock. Repitiendo estrategias, Fogerty vuelve al rock and roll con *Eye of the Zombie* (1986) y el resultado es similar. Críticas tenues y recibimiento plano. Tras un período alejado de los estudios de grabación, en 1997 volverá con el muy enraizado *Blue Moon Swamp*, que se llevará el Grammy a mejor disco de rock. John seguirá haciendo rock para ya no volver a abandonar el country en muchas de sus canciones. Algunos de los temas incluidos en *Deja Vu (All Over Again)* (2004) son un claro ejemplo, y por si no fuera suficiente, en 2009 homenajea su propio debut volviendo al country más seminal con *The Blue Ridge Rangers Rides Again*, en el que versiona a Buck Owens, John Denver, Ray Price, John Prine o Phil Everly.

Blaze Foley

El ángel borracho

Michael David Fuller
18 de diciembre de 1949 – 1 de febrero de 1989
Malvern, Arkansas

Cuando a principios de 1989 un hombre que había maltratado a un compañero de barra tiroteaba a Blaze Foley estaba acabando con la vida de uno de los más grandes y desconocidos compositores norteamericanos. Íntimo amigo de Townes Van Zandt y Gurf Morlix, Lucinda Williams le dedicó la preciosa «Drunken Angel», incluida en su maravilloso *Car Wheels on a Gravel Road* (1998), como homenaje. Van Zandt hizo lo propio con «Blaze's Blues». Foley no conoció el éxito en vida pero en contra de lo que suele ser habitual tampoco lo hizo después de muerto, a pesar de ser un espléndido compositor y un notable intérprete. Apenas una canción, «If I Could Only Fly», acabó convertida en éxito gracias a la versión que de ella realizó Merle Haggard en 2000. Su vida, marcada por las desgracias y su adicción al alcohol, acabó de manera tan brusca y discreta como apuntaba su eterna mala suerte.

Robbie Fulks

Deliciosamente irreverente

Robert Fulks
25 de marzo de 1963
York, Pensilvania

Hijo de un maestro de escuela, el precoz Robbie Fulks aprendió a tocar el banjo con su tía cuando apenas tenía seis años y poco después hacía lo propio con el violín y la guitarra. En 1983 se traslada a Chicago y se convierte en el vocalista de la banda de bluegrass Special Consensus. Poco después forma The Trailer Trash Revue y graba un single de aceptable éxito titulado «Little King». Pronto decide, eso sí, que quiere iniciar una carrera en solitario. Su puesta en escena se producirá gracias al recopilatorio editado por Bloodshot Records, titulado *Insurgent Country, Vol. 1: For a Life of Sin*, donde incluye la canción «She Took a Lot of Pills (And Died)» y en el que comparte créditos con Old 97's o Waco Brothers. En 1996 verá la luz, a través de la misma discográfica, su primer trabajo, *Country Love Songs*, que la crítica define como deliciosamente irreverente y en el que le acompañan The Skeletons. Por un lado, Fulks es ingenioso, irónico, casi satírico, en lo que respecta a las letras pero por el otro, su música es tremendamente tradicional con el country y el folk como principales fuentes. En su siguiente paso, *South Mouth* (1997), se vuelve todavía más tradicional y opta por girar su sonido hacia el Bakersfield Sound y el honky tonk. Tras un par de discos entre los que destaca el álbum de versiones de los 50 y los 60 *13 Hillbilly Giants* (2001) funda su propio sello Boondoggle y edita *Couples in Trouble*. Su carrera seguirá con publicaciones cada dos o tres años que siempre tienen en común la buena recepción por parte de la crítica y el no acabar de explotar para el gran público. En 2015 se une a The Mekons para grabar el espléndido *Jura*, y vuelve por sus fueros con el magnífico *Upland Stories* (2016). Como curiosidad hay que destacar que Fulks publica periódicamente un blog en Internet que asegura que le ayuda a mejorar su forma de escribir.

G

Giant Sand

El alma de Howe Gelb

1985
Tucson, Arizona

Este grupo cuyo nombre surge de una referencia a la novela *Dune* recortada (Giant Sandsworms) no es más que el reflejo de la personalidad de su líder, Howe Gelb, a pesar de contar en su lista de miembros pasados con nombres tan importantes como de los Calexico John Convertino y Joey Burns, Rainer Ptacek y Chris Cacavas. Con más de veinte discos oficiales publicados, debutan en 1985 con *Valley of Rain* y las comparaciones con Neil Young no se hacen esperar. Gelb se muestra como un artista incisivo, con la música country como referencia pero abierto a cualquier tipo de experimentación, cosa que arrastrará toda su carrera. De hecho ese aire experimental que da a su proyecto principal es lo que le llevará a dejar sus inclinaciones más country para una banda paralela que bautizará como The Band of Blacky Ranchette, que también publicaría su disco de debut titulado como la banda en 1985, para seguir un año más tarde con *Heartland*, *Sage Advice* y *Still Lookin' Good to Me* en 2003. Eso no significará que la música de raíces deje de estar presente en Giant Sand y alguno de sus grandes discos como *The Love Songs* (1988), *Swerve* (1990) o *Center of the Universe* (1992). En 2010 gira por España interpretando íntegro *At Folsom Prison*, de Johnny Cash, y en 2012 Gelb va más allá y decide homenajear a su tierra de adopción (él es nacido en Pensilvania) y graba la ópera country rock *Giant Giant Sand*, dedicada a Tucson. En 2015 ve la luz el último disco de Giant Sand, *Heartbreak Pass*, en el que el rastro del country está más difuminado y que parece que será su testamento ya que se anuncia su separación en 2016.

Golden Smog

El súper grupo del Americana

1989
Minneapolis, Minnesota

Aunque el primer EP publicado por Golden Smog data de 1992, su historia se inicia varios años antes. En 1987 una banda integrada por Dan Murphy y Dave Pirner (ambos de Soul Asylum), Jim Boquist (posteriormente Son Volt) y Martin Zellar (Gear Daddies) realiza un show tributo a los Eagles en Minneapolis y dos años más tarde repiten con The Rolling Stones. Aunque la primera vez que la banda se presentará como Golden Smog será en 1992, ya integrados por Murphy y Pirner de nuevo, a los que se unen Gary Louris y Marc Perlman de The Jayhawks, Kraig Johnson de Run Westy Run y Chris Mars de The Replacements, dando forma al primer súper grupo del country alternativo.

Después de un par de EPs, en 1995 lanzan su primer larga duración, *Down by the Old Mainstream*, con Jeff Tweedy de Wilco aportando su presencia y canciones. El álbum transmite un ambiente de relajación que le sienta muy bien y las críticas son favorables, así que dos años más tarde repiten con *Weird Tales*, y Tweedy ya integrado como miembro del grupo. Tras este disco llegará un parón hasta que en 2006 Tweedy, Murphy, Perlman y Louris reactivan la banda y publican un muy bien recibido *Another Fine Day*, al que

sigue un año más tarde *Blood on the Slacks*. Desde entonces la banda no ha vuelto a tener actividad en lo discográfico aunque han declarado en varias ocasiones que el proyecto no está cerrado y son muchos los que esperan una nueva etapa de un grupo que desde la falta de pretensiones ha aportado muy buenos momentos al rock de raíces.

Grateful Dead

Pioneros de las jam bands

1965 – 1995
Palo Alto, California

Evidentemente nose puede considerar a Grateful Dead una banda de country, y su música siempre suele asociarse más a la psicodelia o el folk-rock, pero la banda liderada por Jerry Garcia firma dos de los mejores discos de country de la música moderna y ayuda como pocos a la consolidación del country rock.

Tras publicar en 1969 *Live/Dead*, un directo que los recoge en todo su esplendor psicodélico con temas que superan incluso los 20 minutos, el grupo decide entrar en el estudio en febrero de 1970 para grabar unas canciones compuestas por Garcia y Robert Hunter, orientadas claramente hacia el country. El resultado es *Workingman's Dead*, publicado en junio del mismo año e incluido en el puesto 262 de la lista de los 500 mejores discos de todos los tiempos por *Rolling Stone*. Satisfechos con el resultado, ese mismo año repetirán la jugada y en noviembre publican el magnífico *American Beauty*, diez canciones en las que la banda tira de instrumentos acústicos dejando que Bob Dylan, The Byrds o Crosby, Stills, Nash & Young se conviertan en sus máximas influencias. Su siguiente paso, aunque ligeramente de menor calidad, es *Grateful Dead (Skull and Roses)* (1971), un disco en el que vuelven a apostar por el country rock y en el que versionan a Merle Haggard y Kris Kristofferson. Los últimos retazos de su inmersión en el estilo llegan con el directo *Europe 72* (1972), donde versionan a Hank Williams y tocan los temas de sus discos de raíces. Nunca volverían a sonar tan country, ya que en su siguiente paso, *Wake of the Flood* (1976), vuelven a la psicodelia, pero mantendrán ese poso country en toda su carrera. Especialmente Jerry Garcia, que en sus proyectos paralelos demostrará constantemente su amor por la música de raíces.

Green on Red

Entre el cow-punk y el NRA

1979 – 1992 / 2005 – 2006
Phoenix, Arizona

La banda fundada por Dan Stuart, Jack Waterson y Chris Cacavas en 1979 fue uno de los máximos exponentes del llamado Nuevo Rock Americano de los ochenta. Formados en Tucson pero trasladados a Los Ángeles, debutaron en 1982 gracias al apoyo de Steve Wynn. En 1983 graban en Slash, compañía esencial para entender el desarrollo de ese NRA, su primer LP, *Gravity Talks*, obteniendo excelentes críticas gracias a la mezcla de los sonidos punks de sus orígenes con el rock más clásico y la música country. Para su segundo larga duración, *Gas Food Lodging* (1985), ya han fichado a Chuck Prophet como guitarrista. Mientras, Stuart y su amigo Wynn evidenciaban sus inclinaciones más country con el proyecto paralelo Danny & Dusty. Tras la publicación de nueve discos, el grupo se disuelve en 1992 aunque volverán puntualmente en la década siguiente. Stuart, Cacavas y Prophet se dedican a desarrollar sus carreras en solitario con más fortuna para el último, que publica discos tan destacables como *No Other Love* (2002), *The Age of Miracles* (2004) o *Let Freedom Ring!* (2009).

Nanci Griffith

Dando forma al folkabilly

Nanci Caroline Griffith
16 de julio de 1953
Seguin, Texas

En 1987 una secretaria que pasa su tiempo libre escribiendo canciones llamada Julie Gold escribe «From a Distance». Gracias a una amiga común, la canción llega a las manos de Nanci Griffith, que la incluirá en su primer disco para una multinacional, *Lone Star State of Mind*, ese mismo año y la convertirá en su primer gran éxito. La chica había sido apadrinada por una leyenda como Loretta Lynn después de verla actuar en honk tonks de Austin. Tras la grabación de cuatro álbumes de forma totalmente independiente, entre los que merece ser referenciado *The Last of the True Believers* (1986), Griffith consigue destacar entre el resto de mujeres que se dedican al country gracias a su mezcla con el folk y la poesía, creando lo que ella misma definiría como folkabilly. Tras su fichaje por MCA, adquiere notoriedad no solo como intérprete sino también como compositora, y artistas como Suzy Bogguss, Kathy Mattea, Tom Russell o The Kennedys recu-

rren a sus composiciones. En 1997 cumple uno de sus sueños, como gran fan de Buddy Holly que siempre se ha declarado, al girar con la banda de este, The Crickets, por Europa para presentar *Blue Roses from the Moons*. En la actualidad sigue en activo aunque ha espaciado mucho sus lanzamientos, cosa que no evita que siga siendo considerada una de las grandes damas del country más reciente.

Hacienda Brothers

Maestros del country-soul

2002 – 2008
Tucson, Arizona

Que los Hacienda Brothers fueran considerados por muchos como la mejor banda del country rock desde la aparición de los Flying Burrito Brothers no es algo baladí. Liderados por Chris Gaffney y Dave Gonzalez, miembro fundador de The Paladins, el grupo desarrolló un estilo único con el soul muy presente al que unían leves pinceladas de tex-mex. Su primer disco, titulado con su propio nombre en 2005, recibe la bendición de Dave Alvin y está producido por Dan Penn, una auténtica leyenda. Al año siguiente *What's Wrong with Right* recibe los elogios de toda la crítica, que lo considera un soplo de aire fresco para la música de raíces llegando a ser considerado por la revista *No Depression* como uno de los mejores discos de aquel año. Con la idea de ir al ritmo de disco por año, en 2007 publican el directo *Ranch & Town* y en 2008 entran en estudio para grabar *Arizona Motel*, aunque Gaffney morirá durante las sesiones. El terrible suceso no les impedirá acabar un disco que es calificado de atemporal, contundente y espléndido por los mejores especialistas del género. Un año después de su muerte, músicos del calibre de Los Lobos, Joe Ely, Dave Alvin, Bozz Scaggs, Calexico, Tom Russell o Alejandro Escovedo se unen para rendir tributo a Chris Gaffney en el disco *The Man of Somebody's Dreams*.

Merle Haggard

El okie de Muskogee

Merle Ronald Haggard
6 de abril de 1937 – 6 de abril de 2016
Oildale, California

Merle Haggard fallece el día de su cumpleaños mientras servidor está finiquitando las fichas que integran este volumen. Considerado junto a Buck Owens artífice del Bakersfield Sound, Haggard es una auténtica leyenda de la historia de la música country, acumulador de premios, con 22, y de números 1, nada menos que 38.

La carrera de Merle Haggard está sin duda marcada por su complicada vida. Trasladado a Oklahoma, de bien pequeño tuvo ya que vivir en condiciones paupérrimas. Su padre toca el violín en honky tonks pero se ve obligado a dejarlo por las convicciones religiosas de su madre, aunque el hombre fallecerá cuando Merle tiene 9 años. El chico convierte la ausencia de su padre en rebeldía y empieza a meterse en líos mientras también desarrolla un gran interés por la música de Hank Williams y Bob Wills. A los 12 años recibe su primera guitarra y dos años después sufre su primer arresto, acusado de robo tras haberse fugado de casa. Los pequeños delitos se convierten en su día a día, al igual que sus actuaciones en pequeños locales rodeado de gente de dudosa reputación. En 1957, casado y aparentemente estabilizado, vuelve a intentar robar en un restaurante armado y es enviado al calabozo. Antes de poder ser juzgado, Haggard escapa de la cárcel intentando darle explicaciones a su mujer pero rápidamente es capturado y condenado a pasar los siguientes 15 años en la prisión de alta seguridad de San Quentin. Lejos de mejorar, las cosas empeoraron. Mientras está en prisión su mujer le anuncia que está embarazada de otro y Merle pone en marcha un negocio con los internos de distribución ilegal de alcohol y juego, lo que le llevó a la celda de aislamiento. Pero no todo iba a ser negativo. Mientras está encarcelado, Merle disfruta de la actuación de Johnny Cash en la prisión y se convence de querer ser músico. Tras salir en libertad condicional a principios de los sesenta, se concentra en una futura carrera musical.

Empieza a tocar en el grupo de Johnny Barnett y los beneficios le permiten dejar su trabajo habitual. Su estilo, rápidamente, se asocia al de Buck

Owens gracias a sus influencias del honky tonk tradicional y algo del western-swing, llegándolo a apodar Bakersfield Sound. Entre 1962 y 1963
forma parte de la banda de Wynn Stewart como bajista y este le cede su
canción «Sing a Sad Song». Merle la graba y la lleva hasta el puesto 19 de las
listas. Tras varias canciones más o menos exitosas, en 1966 Merle da el salto
definitivo al estrellato gracias al número 1 de «I'm a Lonesome Fugitive».
El disco del mismo título llega hasta el 3 de las listas de álbumes y su siguiente larga duración, *Branded Man/I Threw Away the Rose* (1967), se planta en
el 1. Los años de bonanza acaban de empezar y sus canciones se convertirán
casi siempre en números 1: «Branded Man» (1967), «Sing Me Back Home»
(1967), «The Legend of Bonnie & Clyde» (1968) o «Okie from Muskogee»
(1969) son algunas de ellas. Especialmente esta última le da una repercusión
especial y se convierte en uno de sus apodos. Una canción claramente dere-
chista, de cuya letra el autor acabaría renegando con el tiempo.

Los setenta siguen por el mismo camino gracias a canciones como «Ca-
rolyn» (1971) o «Grandma Harp» (1972) y a discos como *Keep Movin' On*
(1975) o *It's All in the Movies* (1976). Y los ochenta tampoco fueron mal, al
menos hasta que a mitad de la década empezaron a aparecer nuevos artistas
como George Strait o Randy Travis que, curiosamente influenciados por su
música, ofuscaban la estrella de Haggard. Tras cambiar MCA por Epic y luego esta por Curb, en los noventa Haggard ficha por Epitaph, especializada
en punk-pop, y publica *If I Could Only Fly* (2000), título de la bellísima canción de Blaze Foley que recibe unas críticas magníficas, aunque rápidamente
vuelve a firmar con EMI e intenta recuperarse en popularidad gracias a discos de country-pop, de bluegrass o incluso de jazz al lado de su colega Willie
Nelson, con el que en 1983 había obtenido un número 1 gracias a su versión
de «Pancho & Lefty» de Townes Van Zandt. En sus últimos tiempos, Haggard además reniega de buena parte de las ideas políticas que mantuvo en
parte de su carrera mostrándose más
cercano a las políticas de izquier-
das. Merle Haggard fallece el día
que cumplía 79 años admirado por
todos los que en algún momento se
han sentido atraídos por la música
de raíces y convertido en una figura
absolutamente irrepetible de la música de nuestro tiempo.

Wayne Hancock

Tren de mercancías

1 de mayo de 1965
Austin, Texas

La historia del country y músicas allegadas está llena de niños prodigio y Wayne Hancock, apodado «The Train», es uno de ellos. Con solo doce años empieza a escribir sus propias canciones motivado por los numerosos cambios de domicilio familiar y con 18, en parte gracias a su experiencia actuando por todo Texas, se lleva el concurso de talentos Wrangler Country Showdown, aunque su carrera sufrirá una pausa cuando se alista a los marines donde permanecerá la friolera de seis años. Cuando regresa vive primero en Dallas para acabar en Austin. Esto le permite colarse en el reparto de la pieza teatral *Chippy*, en la que comparte escenario con Joe Ely y Robert Earl Keen. Gracias a eso firma por la discográfica independiente Deja Disc y publica su disco de debut, *Thunderstorms and Neon Signs* (1995). Las comparaciones con Hank Williams no se hacen esperar, aunque la música de Hancock suena más moderna y contemporánea sin perder su espíritu tradicional. Gracias a su buena recepción consigue firmar por una compañía algo mayor como Ark 21, donde publicará *That's What Daddy Wants* (1997), algo más orientado al western swing y el rockabilly. Su paleta de colores ha quedado definida. En 2001 firma por Bloodshot Records y continúa indagando en el tradicionalismo country y el rock and roll primigenio para desarrollar un estilo único que le ha valido el respeto de un gran número de seguidores, atraídos también por su crítica constante hacia la manera de entender el country en Nashville.

Emmylou Harris
La folkie que acabó reinando en el country

2 de abril de 1947
Birmingham, Alabama

Una de las voces femeninas más importantes de la historia del country es sin duda la de esta mujer nacida en Alabama en 1947. Después de graduarse en Virginia, uno de sus lugares de residencia, entró gracias a su excelente expediente en la Universidad de Carolina del Norte, donde empezó a interesarse por la música. Eso hizo que abandonara sus estudios, lo que supuso probablemente la pérdida de una mente brillante pero la ganancia de una artista sublime.

Como tantos otros, Harris empezó su carrera tocando en el Greenwich Village de Nueva York, versionando a gente como Bob Dylan o Dave Van Ronk. Sus inclinaciones eran claramente folkies. En 1969 grabó su primer disco, del que a menudo reniega, en el que incluía cuatro canciones propias y versiones de Dylan, Hank Williams, Fred Neil y Burt Bacharach y que se firmaba como Emmy Lou, con su nombre separado. Pero Harris considera que su verdadero primer disco es *Pieces of Sky*, publicado en 1975. Antes de eso ya había sucedido uno de los aspectos que iba a marcar su carrera: su relación profesional, y probablemente también amorosa, con Gram Parsons. El de Florida la incluye como integrante de su banda de acompañamiento, The Fallen Angels, y la convierte en protagonista de sus discos en solitario. Eso contribuye a alejar a la muchacha del folk y acercarla definitivamente al country, lo que se verá perfectamente reflejada en el citado *Pieces of Sky*, que incluía «Too Far Gone», número 4 de las listas de Billboard. Con su siguiente trabajo, *Elite Hotel* (1975), ya consigue su primer número uno gracias a versiones de Rodney Crowell, Buck Owens o Hank Williams. La crítica se rinde ante la dulzura de su voz que engrandece su capacidad interpretativa. *Luxury Liner* (1976) no le va a la zaga y muchos la sitúan ya a la altura de mitos como Loretta Lynn o Dolly Parton. Sus trabajos son espléndidas muestras de country tradicional que no suenan, para nada, desfasadas en el tiempo. Curiosamente en los ochenta es de las pocas artistas que no se resienten de producciones enlatadas y sigue publicando buenos trabajos como *Roses in the Snow* (1980), *Cimarron* (1981), *Angel Band* (1987) o *Bluebird* (1989). En

1987, además se une a Dolly Parton y Linda Ronstadt en un álbum conjunto titulado *Trio*, que vendió la friolera de cuatro millones de discos y ganó dos premios Grammy.

En los noventa Harris sigue publicando grandes trabajos como *Cowgirl's Prayer* (1993), pero la década viene marcada sin duda por su unión con el productor Daniel Lanois y la publicación en 1995 de *Wrecking Ball*, uno de los grandes discos de su carrera. Además, Emmylou empieza a implicarse en causas solidarias que la acercan al feminismo. Su actividad en solitario se reduce al cambiar de siglo, publicando apenas cuatro discos en quince años, aunque de la calidad indiscutible de *Red Dirt Girl* (2000) o *Hard Bargain* (2011), publica un disco a medias con Mark Knopfler, *All the Roadrunning* (2006), y dos con Rodney Crowell, *Old Yellow Moon* (2013) y *The Traveling Kind* (2015). Además todo el mundo que se precie ha recurrido a su voz en un momento u otro de su carrera, ya sea Bob Dylan, Neil Young, John Denver, Guy Clark, John Prine, George Jones o Steve Earle, por citar solo a algunos. Una auténtica leyenda.

J. P. Harris

Predicador del verdadero honky tonk

13 de febrero de 1983
Montgomery, Alabama

J. P. Harris se niega a que su música reciba los calificativos de roots o americana. Desde el principio quiere dejar claro que lo suyo es country que emana de los grandes del género. Ese que lleva cuatro generaciones haciendo felices a los amantes de un estilo que él adora. Con una infancia que transcurre entre Alabama, California y Nevada y una adolescencia en la que trabaja de leñador o carpintero, Harris decide ser músico al cumplir los 18 años. Lo hace tras una pequeña gira por Luisiana en la que descubre que en un escenario está su verdadera vocación y que tiene talento para ello. En 2012 publica su primer disco, *I'll Keep Calling*, y la crítica especializada se vuelca con él, cosa que le permite incluir dos de sus canciones en la película *At Any Price*, protagonizada por Dennis Quaid. Su estilo, a camino entre el honky tonk y el country tradicional, le lleva a ser rebautizado como el predicador del verdadero honky tonk por la prestigiosa revista *Nashville Scene*. Comparado rápidamente con Johnny Cash y Waylon Jennings, la emisora Roots Music lo incluyó en una votación para conocer a quien consideraban los oyentes el más genuino músico de country de la historia. Entre gente como Merle Haggard , Patsy Cline o Glenn Campbell, Harris se llevó el honorífico galardón. En 2014 publica su segundo disco, el también excelente *Home is Where the Hurt Is*, que confirma todas las esperanzas puestas sobre él. Una estrella del country está brillando.

John Hiatt

Talento en estado puro

20 de agosto de 1952
Indianapolis, Indiana

Aunque John Hiatt ha desarrollado su carrera dentro de un estilo que bien podría calificarse simplemente de rock americano, es cierto que a lo largo de la misma se ha visto influido y atraído por estilos diversos como el country, el soul o el blues. Por ello es difícil establecer una etapa en la que el de Indiana mostrara una tendencia más clara hacia el country, ya que la influencia de este está presente en la mayoría de sus discos.

Hiatt empezó su carrera en bandas de garage hasta que con 18 años se traslada a Nashville y consigue un empleo como compositor en Tree Publishing. Eso le permite escribir canciones para artistas country como Conway Twitty. Gracias a ese trabajo consigue una audición con Epic que acabará con la publicación de su primer álbum, *Hangin Around The Observatory* (1974), un álbum al que seguirá *Overcoats* (1975), disco en el que se hace más que evidente la influencia del country rock. Trasladado a Los Ángeles, sus siguientes discos se inclinaron más por el folk-rock y el rock clásico y le permitieron entrar a formar parte de la banda de Ry Cooder, aunque comercialmente la cosa no acababa de funcionar. En 1982 compone junto a Cooder y Jim Dickinson una de sus grandes canciones, «Across the Borderline», convertida en un éxito por Freddy Fender, y compone para Rosanne Cash. Pero en 1987 llegará el momento que cambiará su carrera con la publicación del magnífico *Bring the Family*, un disco insuperable en el que le acompaña un súper grupo formado por Cooder, Nick Lowe y Jim Keltner (banda que en 1991 se reuniría bajo el nombre de Little Village), con canciones magníficas como «Memphis in the Meantime». A partir de ahí su carrera nunca ha defraudado y, aunque sus ventas no se han correspondido con las críticas publicadas, sus discos siempre han obtenido las mejores recepciones. En 1990, incluso, una de sus canciones, «Bring Back Your Love to Me», ganó el premio a mejor canción country del año en la versión de Earl Thomas Connley.

Hiatt ha sido y es un grande del rock americano, aunque ese no es el objeto de este libro, por lo que basta con citar algunos de los artistas que han versionado sus canciones para entender su importancia en la música country. Willie Nelson, Rosanne Cash, Linda Ronstadt, Jewell, Ry Cooder, The Nitty Gritty Dirt Band, Steve Earle o Emmylou Harris son solo algunos de ellos.

Tish Hinojosa

La zurda de San Antonio

Leticia Hinojosa
6 de diciembre de 1955
San Antonio, Texas

La historia de Leticia Hinojosa no difiere mucho de la de la mayoría de artistas de origen mexicano que de una manera u otra han triunfado en la música estadounidense. Hija de inmigrantes, nace en San Antonio y se inicia en la música tocando las canciones tradicionales de la tierra de sus padres en los bares de la zona. Lo hace tocando la guitarra como si fuera diestra a pesar de ser zurda, lo que otorga un sonido especial a su forma de interpretar las melodías. Tras intentarlo como pareja musical de Michael Martin Murphey, en 1983 se marcha a Nashville pero rápidamente se da cuenta de que su

estilo, demasiado enraizado en México, no acaba de encajar. Por eso se traslada a Taos donde había residido ya un corto espacio de tiempo y se autoedita *Taos to Tennessee*, luego reeditado en 1992. Con él bajo el brazo se planta en Austin donde es mucho mejor acogida y publica *Homeland* (1989), con el que recibe buenas críticas gracias a la introducción de cierto aire pop dentro de sus canciones de eminente sonido country. Solo un año después edita *Culture Swing* y consigue el premio al mejor disco Folk del año por parte de la asociación de distribuidores de discos independientes. Su estilo, combinando el español con el inglés y las versiones de canciones tradicionales con sus nuevas composiciones, le reporta un número fiel de seguidores y que discos como *Aquella noche* (1991) o *Sign of Truth* (2000) consiguen que coincida la opinión de crítica y público.

Malcolm Holcombe

El soul de los Apalaches

2 de septiembre de 1955
Asheville, Carolina del Norte

Si Steve Earle lo considera un maestro de la composición algo de cierto debe haber. Y si te comparan con Tom Waits y John Prine también. Aunque el éxito no ha acompañado a Malcolm Holcombe en ningún momento de su carrera, su indiscutible calidad sí que ha sido la habitual compañera de una voz castigada por las circunstancias.

En 1976 forma su primera banda, Redwing, y tras patearse infinidad de tugurios en 1985 publica su primer disco formando dúo con Sam Milner, *Trademark*. Ante la escasa repercusión y el estancamiento de su carrera, en 1990 se traslada a Nashville. Después de mucho intentarlo, en 1994 saca

A Far Cry From Here con la independiente Purple Music Girl y consigue firmar un contrato con Geffen para su siguiente disco. Pero cuando está preparándolo, Holcombe cae en el alcoholismo y la absorción de la compañía por Universal hizo el resto. El músico se encuentra más perdido que nunca y llega incluso a poner en peligro su vida. En 1999, aparentemente recuperado, consigue publicar el disco *A Hundred Lies* y las críticas son muy favorables. También participa en *Jelly Roll Johnson and a Few Close Friends*, disco del armonicista Jelly Roll Johnson. En 2003 llega *Another Wisdom*, y algunos de los mejores músicos del country rock empiezan a hablar de él como un gran talento desconocido. Sus vivencias se convierten en la base de sus canciones y su voz rota por lo vivido y su actitud hacen el resto. *I Never Heard You Knockin'* (2005), *Not Forgotten* (2006) y, sobre todo, *Gamblin' House* (2007) no contienen ni un tema de relleno y lo llevan a empezar a ser reconocido en Europa. Especialmente importante es el segundo de ellos, que supondrá el inicio de su alianza con el multiinstrumentista Jared Tyler, quien le ayudará a mejorar su sonido. En 2009 con *For the Mission Baby* consigue meterse en varias emisoras nacionales, al igual que en 2011 con *To Drink the Rain*, publicado por la compañía de Jimmy LaFave. En 2012 Ray Kennedy le produce *Down the River*, un álbum directamente magnífico, cuyo nivel se mantiene en *Pitiful Blues* (2014) y *The RCA Sessions* (2015), en el que regraba alguno de sus mejores temas actualizando su sonido. Su último disco, *Another Black Hole* (2016), ha sido considerado por muchos su mejor trabajo y eso es algo a tener muy en cuenta en una carrera como la de Holcombe, el soulman de los Apalaches.

Hollis Brown

La fuerza de la nueva generación

2009
Queens, Nueva York

Tomando el nombre de una canción de Bob Dylan, nace en 2009 esta banda que conjuga los sonidos de raíces y el rock de su Nueva York natal. Fruto de la amistad entre Mike Montali y Jonathan Bonilla, el grupo tiene como objetivo desde sus inicios sonar muy americanos, y lo consiguen. El mismo año de su formación lanzan su primer EP, *Nothing & The Famous No One*, y su primer y homónimo LP, que son muy bien acogidos por la prensa. Eso les lleva a girar con bandas como Lucero o Deer Tick y fichar por la infalible Alive Records, garantía de calidad. Su siguiente paso es publicar *Ride on the Train* (2013), producido por Adam Landry, que había trabajado antes con Hayes Carll, Pete Molinari y K. D. Lang. En 2014 lanzan *Hollis Brown Gets Loaded* para el Record Store Day, una personal revisión del famoso álbum de The Velvet Underground que se agota rápidamente, lo que les obliga a reeditarlo. Su último trabajo hasta la fecha es *3 Shots* (2015), en el que incluyen «Rain Dance», escrita sobre un tema que Bo Didley dejó sin terminar. Decir que es un grupo con un futuro esplendoroso es reincidir en lo que apuntan sus discos.

Johnny Horton

El pescador del honky tonk

John Gale Horton
30 de abril de 1925 – 5 de noviembre de 1960
Los Ángeles, California

Nacido en Los Ángeles, la infancia de Johnny Horton pasa entre California y Texas, en un intento de su familia por encontrar trabajo. El chico llegó incluso a entrar en un seminario como solución económica para su vida pero lo abandona para acabar convertido en pescador en Alaska en 1949. Es allí donde empieza a escribir canciones en sus ratos libres. En 1950 se traslada a Texas y gana un concurso de talentos organizado por Jim Reeves, pero cae en manos de un estafador y su carrera se paraliza. En 1951 obtiene un espacio en un programa de radio donde se presenta como el pescador del canto y en 1952 consigue firmar por Mercury Records y entrar a formar parte del Lousiana Hayride. Allí fue recomendado por Hank Williams y curiosamente acabaría casándose con la viuda de este, Billie Jean, después de su muerte.

Tuvo que llegar 1955 y el cambio de compañía, fichando por Columbia, para que Horton grabara su primer éxito, «Honky Tonk Man», que en la primavera de 1956 ya era un Top 10. La canción reunía todo lo que suponía el estilo de Horton: una mezcla perfecta entre el rockabilly y la música country que gustaba a los seguidores de ambos géneros. Canciones como «I'm a One-Woman Man» o «I'm Coming Home» lo mantuvieron en los primeros puestos de las listas pero la cosa no duró mucho. Tuvo que llegar la balada

«When It's Springtime in Alaska (It's Forty Below)» (1958) para verle de nuevo en lo más alto, cosa que repitió con «The Battle of New Orleans» (1959) y «North to Alaska», (1960) en el que apostaba por una muerte prematura para sí mismo, cosa que desgraciadamente se cumplió. El 4 de noviembre de 1960 sufrió un accidente de coche y murió de camino al hospital, aunque artistas como George Jones o Dwight Yoakam iban a reivindicar su eterno legado versionando sus canciones.

Ray Wylie Hubbard

El primer cow-punk

13 de noviembre de 1946
Soper, Oklahoma

Con solo diez años Ray Wylie Hubbard ya se había mudado de su Oklahoma natal al sur de Dallas, Texas, lugar en el que iba a aprender a tocar la guitarra. Cuando acaba sus estudios en la Universidad de Texas se larga a Nuevo México y se dedica a tocar folk por los bares de todo el estado, consiguiendo forjarse así como músico de escenario. En esa etapa entabla amistad con otros músicos como Jerry Jeff Walker o Ramblin' Jack Elliott. El primero de ellos incluye «Up Against the Wall, Redneck Mother» en su *Viva Terlingua* (1973), lo que otorga a Hubbard el estatus de compositor de culto. Él lo aprovecha para formar The Cowboy Twinkies, considerados por muchos como la primera formación de cow-punk de la historia. Está a punto de grabar un disco con Atlantic que al final, bajo el nombre de *Ray Wylie Hubbard and the Cowboy Twinkies*, acaba editando Warner con escaso éxito por culpa probablemente de una mala producción. Hubbard se desilusiona y no vuelve a grabar hasta 1978, cuando en la compañía de Willie Nelson, Lone Star, publica *Off the Wall* y se hace acompañar del grupo de apoyo de Walker rebautizado como Lost Gonzo Band. Entre 1980 y 1991 apenas graba un par

de discos y se convierte, de nuevo, en un artista de bar. La racha se romperá con *Lost Train of Thought* (1991) y, sobre todo, *Loco Gringo's Lament* (1994), dos espléndidos trabajos de country rock de toda la vida. Músicos como Tom Petty o Steve Earle empiezan a reivindicar su figura y al cultismo habitual se añade un notable resultado de ventas. Desde entonces no ha parado de grabar regularmente e incluso puso en marcha su propio programa de radio, *Roots & Branches*. En los últimos años, artistas noveles como Hayes Carll lo han reivindicado como su gran influencia, llegando a aparecer juntos en el prestigioso show televisivo *Austin City Limits*. Con *The Ruffian's Misfortune* (2015) consigue algunas de las mejores críticas de su carrera.

Jason Isbell

El chico de la triste mirada

Michael Jason Isbell
1 de febrero de 1979
Green Hill, Alabama

Es evidente que no se puede hablar de la carrera de este músico nacido en la frontera del estado de Tennessee sin hacerlo primero de Drive By Truckers. Después de iniciarse en la escuela de secundaria como trompetista y de haber cantado en las misas de la Iglesia Pentecostal que daba su abuelo, Isbell acabará consiguiendo tocar en el legendario Grand Ole Opry. Aunque será conocer a Patterson Hood lo que cambiará su vida. El chico había formado junto a Mike Coley en Athens, Georgia, una banda llamada Drive By Truckers que mezclaba el country alternativo con el rock. Rápidamente consiguen un número considerable de fieles, entre los que se encuentra un Isbell que se unirá al grupo en 2001, con apenas 22 años. Permanecerán juntos hasta 2007 llegando a grabar con ellos tres espléndidos discos: *Decoration Day* (2003), *The Dirty South* (2004) y *Blessing and a Curse* (2006). Un año después de ese último disco, Jason Isbell debuta en solitario acompañado básicamente por músicos asociados a los míticos estudios Muscle Shoals de Alabama como Spooner Oldham con el disco *Sirens of the Ditch*. El álbum es recibido de forma tenue pero positiva. Un par de discos más, ya acompañado de una banda que denominará The 400 Unit, le llevan a convertirse en telonero de Ryan Adams en 2012 mientras prepara el excelente *Southeastern* (2013), quizá su cumbre creativa. La aclamación por parte de la crítica, eso sí, le llegará en 2015 con *Something More Than Free*, que entrará directo al puesto número 1 de las listas de country norteamericanas y al 6 de las listas de pop.

Wanda Jackson

La reina del rockabilly

Wanda Lavonne Jackson
20 de octubre de 1937
Maud, Oklahoma

A pesar de su apodo como reina del rockabilly, Wanda Jackson desarrolló desde joven un estilo que mezclaba dicho sonido con elementos del country. Especialmente en los sesenta, tras el descenso de sus ventas, se inclinó todavía más hacia la música tejana, pero no adelantemos acontecimientos.

Aunque nacida en Oklahoma, Wanda Jackson se trasladó con su familia a Bakersfield, California, para huir de la pobreza causada por el Dust Bowl durante la Gran Depresión. Su padre, músico de profesión, se dio cuenta del interés que también despertaban las canciones en su hija, por lo que le compra una guitarra con solo seis años y se la lleva a los conciertos de country a los que asistía. Con 12 años regresa a Oklahoma y gana su primer concurso de talentos en la radio, momento en el cual la descubre Hank Thompson, que la invita a cantar en su grupo, The Brazos Valley Boys. En 1954 graba con uno de los tipos de la banda, Billy Gray, «You Can't Have My Love» y llega al puesto 8 de las listas de country. Rechazada por Capitol, simplemente por ser mujer, firma por Decca y sin haberse graduado en la escuela secundaria se hincha a grabar canciones. En 1955 se une a la gira de Ozark Jubilee, gracias a lo cual conocerá a un Elvis Presley que los acompaña en muchas fechas y que la convence de que en la mezcla del rock y el hillbilly está la clave, así que en 1956 decide que se dedicará a ese estilo todavía naciente.

   Arrepentidos de su decisión, Capitol la ficha y le publican su primera canción, «I Gotta Know», con la que llega al puesto 15 de las listas y demuestra que una chica puede vender lo mismo que un chico. Su despegue coincide, prácticamente, con el del mismo Elvis: el rockabilly tiene un rey, pero también una reina. Y además, Wanda se mostraba como una adelantada a su tiempo, ya que en sus letras se encuentran insinuaciones sexuales cargadas de ironía y poco habituales en aquellas fechas. Entre 1957 y principios de los sesenta consigue varias canciones de éxito como «Mean, Mean, Man» (1958) o «Let's Have a Party» (1960), que también popularizó Presley. Sus álbumes *Wanda Jackson* (1958) o *There's a Party Goin' On* (1961) consiguen además muy buenas críticas, a pesar de ser simples recopilaciones de singles. Pero las ventas empiezan a palidecer, en parte por su imagen de mujer adelantada y sexualmente liberada, y en 1963 Capitol intenta recuperarse con el álbum *Two Sides of Wanda*, en el que por primera vez dedica una cara al rock and roll y la otra al country y por el que obtiene una nominación a los Grammy. Por eso enfoca sus siguientes años hacia el country obteniendo grandes éxitos con canciones como «Slippin» (1963) o «The Box it Came In» (1966). En 1970, acompañada por su marido, se convierte en cristiana evangélica, intentando mejorar su imagen, y graba canciones góspel como «People Gotta Be Loving», pero la cosa no acaba de funcionar. Aprovecha los malditos ochenta para hacer varias giras por Europa donde hay un aparente revival del rockabilly, sigue grabando discos de góspel que no funcionan y se dedica a apoyar a mujeres que lo intentan en la música, como Rosie Flores, con la que giraría en 1995. En 2003 lanza *Heart Trouble*, su primer disco en diez años, y en 2006 *I Remember Elvis*. Pero será Jack White el que la lleve de nuevo al primer plano mediático al convencerla para grabar un disco de versiones en 2009 titulado *The Party Ain't Over* y en el que versiona canciones contemporáneas como «You Know I'm No Good» de Amy Winehouse, además de temas de Johnny Cash, Kitty Wells o Eddie Cochran. Su último disco hasta la fecha es *Unfinished Business* (2012), producido por Justin Townes Earle y en el que se inclina por piezas de Townes Van Zandt o Woody Guthrie para obtener, una vez más, muy buenas críticas.

Jason & The Scorchers

TNT desde Tennessee

1981
Nashville, Tennessee

El sobrenombre con el que eran conocido Jason y sus Scorchers dice mucho de su biografía: la gran banda desconocida de los ochenta. Y es que uno de los mejores grupos nacido en unos ochenta de infausta calidad musical no disfrutó curiosamente del éxito comercial que merecía.

Jason Ringenberg, Warner Hodges, Jeff Johnson y Perry Baggs formaban en 1981 un grupo que fusionaba el country con el punk y que rápidamente fue definido como la mezcla perfecta entre Merle Haggard y los Ramones. Apodados como Jason & The Nashville Scorchers cuando debutan en 1982 con el EP *Reckless Country Soul*, la prensa no dudó en decir de él que parecía que Joe Strummer se hubiera subido al escenario del Grand Ole Opry. En 1984, ya en EMI, editan otro EP, *Fervor*, cuya explosiva versión del «Absolutely Sweet Marie» de Bob Dylan los pone en boca de todos. Su debut con un larga duración llegó un año después con la publicación de *Lost & Found*, que los lleva hasta el puesto 22 de las listas, su mejor resultado comercial. Pero el grupo era demasiado punk para los seguidores del country y a la inversa, por lo que a pesar de estar creando un estilo propio que luego sería seguido por muchos, sentando las bases definitivas de lo que sería el cow-punk, sus discretas ventas les hicieron ganarse el título de grupo de culto casi desde sus inicios. En 1986 ve la luz *Still Standing* y han de pasar tres años hasta que publiquen *Thunder and Fire*, con alguna influencia del metal. Se toman un descanso justificado por la diabetes diagnosticada a Baggs, pero que se explica más por el hastío ante el escaso éxito comercial. Ringenberg aprovecha para editar *One Foot in The Honky Tonk* (1992), mucho más country que sus últimos trabajos con el grupo. Curiosamente ese mismo año EMI edita *Are You Ready for the Country?: The Essential Jason and the Scorchers, Volume 1* ¡y los discos se agotan y quedan descatalogados! Algo que no sirvió para que la discográfica decidiera apostar más por ellos. En 1993 se reúnen para actuar en directo y en 1995 publican *A Blazing Grace*. Dos años más tarde Jeff Johnson es reemplazado por Kenny Ames y el grupo se reestructura. Tras

cuatro discos más, en 1999 el grupo se queda sin compañía y decide volver a la independencia pero apenas editarán varios recopilatorios. Mientras, Ringenberg graba un par de discos más en solitario y pone en marcha Jason Farmer, un proyecto en el que canta canciones para niños en clave country y

con el que debuta en 2003 con *A Day At The Farm With Farmer Jason* (2003).
En 2010 publican el que hasta ahora es su último disco como banda, *Halcyon
Times*, el cual, para no romper la racha, obtiene mejores críticas que ventas.

The Jayhawks
Rozando la perfección

1985
Minneapolis, Minnesota

Formados por Mark Olson y Gary Louris intentando seguir la línea marcada por The Honeydogs o Uncle Tupelo, The Jayhawks graban su disco de
debut en 1986 tras haberse hecho un nombre en la escena de su Minneapolis
natal. Después de grabar su continuación, *Blue Earth* (1987), el grupo consigue hacer llegar unas cintas a George Drakoulias que los ficha para grabar
su primer gran disco, *Hollywood Town Hall* (1992), cargado de bellísimas melodías y armonías vocales en temas que surgiendo del country llegan al folk y
al rock. Canciones como «Waiting for the Sun» les hacen ganarse un grupo
de seguidores fieles que esperan con ansiedad su siguiente paso. Y no de-
fraudan. *Tomorrow the Green Grass* (1995) es uno de los discos definitivos del
country alternativo de los noventa. Una maravilla de principio a fin en el que
la sociedad compositiva integrada por Louris y Olson funciona a pleno ren-
dimiento. «Blue», «I'd Run Away» o la versión del «Bad Time» de Grand
Funk Railroad son piezas absolutamente insuperables y el grupo alcanza el
estatus de estrellas. *Sound of Lies* (1997) o *Smile* (2000), ya sin Olson en el
grupo, no alcanzan el mismo nivel pero tienen momentos muy destacables.
La cosa volverá a la excelencia con *Rainy Day Music* (2003), un disco que
refuerza la figura de Louris como verdadero talento de la banda, pero en el
que sus compañeros Marc Perlman o Tim O'Reagan no se quedan atrás. Eso
no impide que la banda se desmantele y Louris aproveche para participar en
otros proyectos, entre los que destaca su disco en solitario *Vagabonds* (2008).
Olson, por su parte, se acerca a una postura mucho más tradicional y va publicando discos con mayor o menor éxito, los mejores de los cuales podrían
ser *My Own Jo Ellen* (2000) y *The Salvation Blues* (2007).

En 2008, Olson y Louris liman asperezas y publican, firmando como dúo, el inocuo *Ready for the Flood*, llegando incluso a girar juntos. Eso acabará con The Jayhawks reunidos de nuevo para grabar el decepcionante *Mockingbird Time* (2011), con el que Olson abandona definitivamente la banda. En 2016, y bajo la producción de Peter Buck (R.E.M.), publican *Paging Mr. Proust*, en el que añaden nuevas texturas cercanas al rock alternativo a su música.

Shooter Jennings

Forajido del siglo XXI

Waylon Albright Jennings
19 de mayo de 1979
Nashville, Tennessee

El hijo de Waylon Jennings y Jessi Colter parece empeñado en que su carrera combine grandes discos con movimientos totalmente incomprensibles que no hacen honor a su apellido. Después de grabar en 1996 un disco con su padre que respondía al título de *Fenixon*, que nunca fue distribuido, y tras pasar por varias bandas eminentemente rockeras, en 2005 publica el excelente *Put the «O» Back in Country*, que lo coloca en los primeros puestos de las listas con temas del calado de «4th of July», himno donde los haya. Una combinación perfecta de rock y country outlaw. En 2006 publica *Electric Rodeo*, más cercano al rock pero sin olvidar el country que funciona igual

de bien. Su tercer paso,*The Wolf* (2007), es algo inferior pero sigue conteniendo muy buenas canciones y una enorme personalidad, pero a la cuarta viene el jarro de agua fría. *Black Ribbons* (2010) es un intento frustrado de entrar en el rock alternativo que no hay por donde cogerlo. La crítica lo machaca con merecimiento y el público no se queda atrás. Quizá por ello Shooter plega velas y en 2012 regresa con el disco más country de toda su carrera, *Family Man*, al que seguirá *The Other Life* (2013). Ambos son espléndidos con las canciones en primer plano transmitiendo sencillez y honestidad. Tocaba volver a meter la pata y eso es *Countach (for Giorgio)* (2016), un disco infumable de música semi bailable en el que participa la otrora estrella del metal mainstream Marilyn Manson. Habrá que esperar a su siguiente paso para ver si toca la de cal o la de arena.

Waylon Jennings
La personificación del outlaw

Waylon Arnold Jennings
15 de junio de 1937 – 13 de febrero de 2002
Littlefield, Texas

El 3 de febrero de 1959 Waylon Jennings cedía a The Big Bopper su lugar en el avión que debía llevarle junto a Buddy Holly y Ritchie Valens al siguiente punto de su gira conjunta. Holly les espetó, «espero que tu autobús se congele», a lo que Jennings respondió, «y yo que tu avión se estrelle», cosa que como sabemos acabó sucediendo. Esa es una de las primeras y macabras anécdotas conocidas de un joven Waylon Jennings, músico desde los cincuenta pero que no alcanzó notoriedad hasta los setenta, cuando definió el outlaw country, movimiento reaccionario contra el Nashville Sound y encabezado, en general, por personajes de dudosa reputación.

Waylon Jennings era con 12 años DJ de la radio local de Littlefield y había aprendido a tocar la guitarra cuatro años antes. Rápidamente formó sus primeros grupos y en 1954 se traslada a Lubbock, lugar en el que conoce a Buddy Holly, convirtiéndose en bajista temporal de su banda, The Crickets. Tras la muerte del músico, Jennings vuelve a trabajar como DJ primero y luego como productor de discos y edita algún single de escasa repercusión. En 1963 viaja a Los Ángeles y graba la canción «Sing the Girl a Song, Bill», que tampoco acaba de funcionar pero que muestra sus inclinaciones hacia el country más puro. Finalmente, y gracias a la ayuda de Chet Atkins y Bobby Bare, firma con RCA y vuelve a Nashville donde entablará una fuerte relación con Johnny Cash. Su primer single para RCA, «That's the Chance I'll Have to Take», funciona aceptablemente y con el segundo «Stop the World (and Let me Off)», entra en el Top 40 de las listas de country. Siguió lanzando canciones de éxito moderado hasta que en 1970 opta por empezar a colaborar con Kris Kristofferson, lo que le ayudará a definir un estilo propio. En 1972 publica el decimoséptimo disco de una carrera discreta que se convertirá en un gran éxito y en el álbum que empieza a convertirlo para siempre en un mito, *Ladies Love Outlaws*. Con versiones de Hoyt Axton o Buck Owens, entre otros, y algún tema propio, Jennings aporta rocosidad y crudeza al country, lo que se ve definitivamente reflejado en el espléndido *Honky Tonk Heroes* (1973). Un álbum tan seminal como soberbio en el que la labor compositiva de Billy Joe Shaver, autor de siete de las diez canciones incluidas, es esencial y tan importante prácticamente como la interpretación de Waylon.

El outlaw country es un hecho y la fama de Waylon aumenta, consiguiendo sus primeros números 1 en 1974 con «This Time» y «I'm Ramblin' Man». Los nombres de su mujer Jessi Colter, Willie Nelson, Johnny Paycheck o David Allan Coe aparecen continuamente unidos al de un Waylon que lleva al primer puesto de las listas de country sus álbumes *Dreaming My Dreams* (1975), *Are You Ready for the Country* (1976), *Ol' Waylon* (1978), *I've Always Been Crazy* (1978) y *Music Man* (1980). A partir de ahí, el movimiento outlaw pasará de moda y los problemas de Waylon con el alcohol y las drogas aumentarán aunque conseguirá superarlos mediada la década, casi coincidiendo con la publicación del disco de The Highwaymen, banda que forma junto a Willie Nelson, Kris Kristofferson y Johnny Cash. En los noventa su caída es un hecho y aunque *The Eagle* (1990) funciona de manera aceptable, su momento ha pasado. Afectado por una diabetes galopante que le impedía andar bien, en 2001 le amputan un pie y fallece un año después en Arizona.

George Jones
La voz del country

George Glenn Jones
12 de septiembre de 1931 – 26 de abril de 2013
Saratoga, Texas

Podríamos haber optado por alguno de sus otros apodos (El Golpeador, La Zarigüeya, No-Show Jones...) pero es probablemente el de La Voz el que mejor representa a uno de los grandes de la historia del country. El mismísimo Waylon Jennings fue capaz de declarar que «si pudiera elegir una forma de sonar elegiría hacerlo como George Jones».

La vida de George Jones estuvo marcada por una infancia en la que tuvo que convivir con ocho hermanos, numerosas dificultades económicas y el alcoholismo de su padre. A pesar de eso el músico recordaba como escuchaban música góspel juntos y como sintonizaban el Grand Ole Opry, cosa que provocó que empezara a tocar la guitarra y actuar en los bares de Beaumont, Texas. Desde temprana edad, Jones se convirtió en un compulsivo bebedor,

lo que acabó con su primer matrimonio. Tras conseguir publicar algunos
singles en discográficas independientes, en 1955 consigue tener cierta repercusión con «Why Baby Why», gracias a la que pudo empezar a grabar con
más asiduidad. Su primer número 1 llegará en 1959 con «White Lightning»,
siendo considerado uno de los mejores vocalistas country del momento gracias a la profundidad de su voz. En los sesenta decide especializarse en las
baladas y trabajar los duetos, y se alía con Melba Montgomery primero, y
Gene Pitney después, consiguiendo aumentar su fama. Aunque será a finales
de la década cuando se producirá uno de los momentos más importantes de
su carrera al conocer y enamorarse de Tammy Wynette, con la que se casará
en 1969 después de obtener el divorcio de su segunda esposa. Juntos formarán uno de los duetos más importantes de la historia del country, llegando a
ser considerados el rey y la reina del género gracias a canciones como «Take
Me» (1971) o «The Ceremony» (1972). En 1971 reúnen algunos de sus
singles en *We Go Together* (1971), álbum que les llevará al número 3 de las
listas de country, convirtiéndose en un éxito al igual que su sucesor, *Me and
the First Lady* (1972), número 6. Aunque las cosas no van bien entre ellos. En
ese momento Jones ya se ha convertido en un alcohólico irascible que era
conocido por los numerosos conciertos que anulaba o estropeaba, ganándose a pulso el apodo de No-Show Jones. La situación lleva a Wynette a pedir
el divorcio en 1975, hecho que se refleja en una canción grabada por Jones
un año antes, «The Grand Tour». A pesar de ello, ambos seguirán grabando
juntos y en 1976 alcanzarán el número 1 con «Golden Ring». La vida de Jones es una espiral de desenfreno y a finales de la década incluye la cocaína en
su dieta de excesos. Eso no le impidie conseguir algún repunte de su calidad,
como el tema grabado junto a James Taylor, «Bartender's Blues», o el disco
a medias grabado junto a Merle Haggard, *A Taste of Yesterday's Wine* (1982).

Todo va a cambiar cuando en 1983 se casa con Nancy Sepulvado, que será vital para conseguir que el músico deje atrás sus adicciones. Publica canciones de éxito con Brenda Lee y Lacy Dalton, demostrando que es un experto en cantar con otros, y en 1989 consigue su último Top 10 con «I'm a One Woman Man». Ajeno al resurgir del country de principios de los noventa, Jones se reúne una vez más con Wynette en 1995 para grabar «One», aunque la canción tiene una respuesta solo aceptable. Un año después publica su autobiografía *I Lived to Tell It All*. Parece que su aparente olvido cambia cuando en 1999 coloca en el puesto 5 de las listas de country su álbum *Cold Hard Truth*, pero es solo un espejismo. Ni siquiera con discos homenaje en el que participan Vince Gill o Tanya Tucker consigue volver al primer plano y en 2013 fallece a causa de una insuficiencia respiratoria.

K

Alison Krauss

Violinista aventajada

23 de julio de 1971
Decatur, Illinois

Aunque parecía destinada a ser una violinista clásica de renombre, Alison Krauss rápidamente se interesó por el country y el bluegrass, y empezó a poner su pericia instrumental al servicio de fiestas campestres. A eso le unió una capacidad vocal innata que la situaba muy cerca de las grandes voces femeninas del country tradicional. Debuta en 1985, cuando apenas había cumplido los 14 años de edad, con el disco *Different Strokes*, integrada en un grupo en el que también estaba su hermano Viktor y desde entonces su carrera no ha conocido otra cosa que no sea el éxito. Tan solo un par de años después ya ha firmado su primer contrato editorial y publica el espléndido *Too Late to Cry*, en el que se incluye una versión del «Song for Life» de Rodney Crowell. Para su siguiente disco ya se ha unido a una banda junto a la que permanecerá la mayor parte de su carrera, Union Station. Con ellos da el siguiente paso discográfico y publica *Two Highways* (1989), en el que ya se muestra su interés por ampliar su raíz country-bluegrass hacia el rock, atreviéndose incluso a versionar a The Allman Brothers Band con «Midnight Rider». Por si su unión con el rock no estuviera suficientemente clara, en 2007 publica un espléndido disco titulado *Raising Sand*, en el que comparte protagonismo con Robert Plant, cantante de Led Zeppelin. El disco fue premiado con el galardón a mejor álbum country del año tanto en la gala de la Americana Music Association como en los prestigiosos premios Grammy, en los que también se llevó el reconocimiento a la mejor canción con «Killing the Blues».

Kris Kristofferson

El compositor por excelencia

Kristoffer Kristofferson
22 de junio de 1936
Brownsville, Texas

Que estamos ante uno de los grandes compositores de la música country no hay quien lo ponga en duda, pero a menudo se ha olvidado injustamente la faceta de intérprete de Kris Kristofferson. Hijo de padre militar, este le animó a que siguiera su carrera aunque fue en el deporte donde primero destacó Kris. Tras licenciarse en literatura inglesa y casarse en 1960, finalmente entra en el ejército donde llega a ser capitán, pero lo abandonará en 1965 para dedicarse a la música, provocando el rechazo de su familia con la que no volverá a hablarse.

Kristofferson fija su residencia en Nashville y consigue un trabajo de limpieza en Columbia Records, gracias al cual conoce a Johnny Cash al que enseña varias de sus canciones. En 1966 Dave Dudley graba su canción «Vietnam Blues» que se mete en el Top 20 de sencillos de country, cosa que ayuda a que el músico firme contrato con Epic para publicar el single «Golden Idol». Kris siguió componiendo para otros y gente como Roger Miller, Ray Stevens o Jerry Lee Lewis graban alguna de sus canciones. Tras actuar en el prestigioso festival de Newport, presentado por Johnny Cash, Kris graba su primer álbum en 1970 para Monument, titulado con su apellido y que reeditaría pocos meses después, ya en 1971, como *Me and Bobby McGee* para aprovechar el éxito que Janis Joplin había obtenido con la canción del mismo título. El mismo año publica el magnífico *The Silver Tongued Devil and I* con el que se planta en el puesto número 4 de las listas. La demanda de sus canciones aumenta y serán nombres como Elvis Presley, Waylon Jennings, Ray Price o Bobby Bare los que grabarán sus temas. Mientras desarrollaba también una consistente carrera como actor, en 1972 llega al número 1 con su cuarto disco, *Jesus Was a Capricorn*, que se cierra con «Why Me», también primer puesto de las listas de singles.

En 1973 se casa con Rita Coolidge y empieza una carrera junto a ella que se inicia ese mismo año con *Full Moon*, disco que entrará directamente al número 1. El mismo año participa en el western de Sam Peckinpah *Pat Garrett y Billy the Kid*, interpretando el papel de Billy El Niño. Curiosamente sus discos como pareja de Coolidge funcionaban mejor que sus álbumes en solitario, por lo que decidió concentrarse en su carrera musical. A pesar de publicar buenos discos como *Spooky Lady's Sideshow* (1974), la cosa no mejoró en exceso y menos aún con la llegada de los ochenta. En esa década Kristofferson apenas graba un par de discos en solitario bastante discretos y se dedica más a colaborar con otros artistas. Participa en discos de Willie Nelson o Dolly Parton y forma parte de The Highwaymen junto al mismo Nelson, Waylon Jennings y Johnny Cash, con los que publicará un disco en 1985 y una segunda parte en 1990. En los noventa vuelve a prodigarse poco en lo discográfico y no será hasta 2006, con *This Old Road*, que se produzca una especie de resurrección musical al ser considerado su mejor trabajo desde los setenta. *Closer to the Bone* (2009) y *Feeling Mortal* (2013) no le andan a la zaga y confirman que Kristofferson ha vuelto. No en vano estamos hablando de uno de los compositores más grandes de la historia de la música country gracias a canciones como «Me and Bobby McGee», «Sunday Mornin', Coming Down», «Fort eh Good Times» o « Help Me Make It Through the Night» por citar solo algunas.

Lambchop

El eclecticismo al máximo exponente

1986
Nashville, Tennessee

Lo más difícil de escribir sobre Lambchop es intentar definir su propuesta. Incluidos en el carro del country alternativo, lo suyo es mucho más que cualquier etiqueta, ya que en su música se combinan elementos del soul, el blues, el post-rock, el folk y hasta el jazz. Originalmente bautizados como Posterchild, el grupo se ha caracterizado siempre por una formación variable que ha girado alrededor de la genialidad de su líder, Kurt Wagner.

Debutan en 1992, antes de cambiar su nombre con el single «An Open Fresca/A Moist Towlette», y en 1994 llega su primer LP ya como Lambchop, *I Hope You're Sitting Down [aka Jack's Tulips]*. Desde el primer momento el grupo combina los sonidos de su Nashville originario con ambientes atmosféricos y líneas narrativas inhabituales en la música country. En 1998, con su cuarto disco, *What Another Man Spills*, consiguen aclamación unánime por parte de la crítica que los considera uno de los mejores grupos surgidos en el paraguas del Americana, condición que confirman en el futuro con obras del calibre de *Nixon* (2000), *Is a Woman* (2002), *Damaged* (2006) o *Mr. M* (2012). Wagner además se atreve a alguna escapada en solitario entre las que destaca el fantástico *Invariable Heartache* (2010), publicado junto a Cortney Tidwell.

K. D. Lang

Rompiendo convenciones sin sentido

Kathryn Dawn Lang
2 de noviembre de 1961
Edmonton, Alberta (Canadá)

En 1984 K. D. Lang lanzaba su primer disco, *A Truly Western Experience*, y desde el principio causaba expectación. Su imagen andrógina y su unión del country, el pop y el rock la hicieron carne de corrillos. Cuando en 1987 ficha por una *major* y edita *Angel With A Lariat*, producido por Dave Edmunds, ya es casi una estrella en su país y está cerca de serlo en el vecino.

En 1992 confiesa abiertamente su homosexualidad y se convierte en una activista a favor de los derechos de los gays, mientras casi en paralelo se hace budista. Esos dos hechos se convierten en un lastre para la escena country norteamericana que no acaba de aceptarla en su conservadora mentalidad. Pero las listas y los premios dicen otra cosa. En 1989 se lleva el primero de sus cuatro Grammy, para los que estará nominada en siete ocasiones más. En *Shadowland*, su tercer disco, publicado en 1988, rinde tributo a uno de sus ídolos, Patsy Cline, y purifica su estilo con versiones de Chris Isaak, Ernest Tubb, Roger Miller o Bob Wills. Además se permite el lujo de que en el disco colaboren Loretta Lynn, Kitty Wells y Brenda Lee. En 2011 publica *Sing It Loud*, el decimoquinto disco de una carrera marcada por la coherencia y el activismo social.

Jon Langford

Trabajador incansable

11 de octubre de 1957
Newport, Gales (Reino Unido)

Este galés hijo de un contable de una cervecería pasó toda su infancia en las islas Británicas intentando hacerse un hueco como jugador de fútbol o de rugby, cosa que no consiguió. Admirador de The Kinks o David Bowie, empezó en la música intentando parecerse al Duque Blanco, pero muy pronto abandonó la idea. En 1977 entra como batería en la formación original de The Mekons, una especie de mezcla entre el post-punk y el cow-punk, también calificados en ocasiones como banda de country alternativo. En poco tiempo pasó de la batería a ocuparse de la guitarra, hasta que en 1982 el grupo se toma un descanso y Langford forma junto a John Hyatt y Phillip «John» Brennan The Three Johns, con los que se inclina más por el indie-rock. Desde 1985, momento en que The Mekons retoman su actividad, combina ambas bandas publicando discos notables como *Mekon's Honky Tonkin'* (1987).

A principios de los noventa, Jon Langford se traslada a Chicago, donde establecerá su hogar y en 1994 forma The Waco Brothers. En 1995 publican su debut, *To the Last Dead Cowboy*, en Bloodshot Records, la que desde entonces iba a ser su casa y con la que lanzarán once discos más hasta la fecha entre los que destacan *Cowboy in Flames* (1997), *New Deal* (2002) o el más reciente, *Going Down History* (2016). El grupo se convierte en uno de los que más y mejor mantienen la unión entre punk y country consiguiendo una legión de fans absolutamente fiel. No contento con mantener tantos grupos al mismo tiempo, Langford desarrolla también una notable carrera en solitario, iniciada en 1995 con *Misery Loves Company: Songs of Johnny Cash*, un disco de versiones del hombre de negro. De sus discos en solitario es obligado destacar *Skull Orchard* (1998), los dos volúmenes de *The Executioner's Last Songs*, publicados en 2002 y 2003, o *The Mayors of the Moon*, grabado también en 2003 junto a la excelente banda canadiense The Sadies.

Jim Lauderdale

Talento en estado puro

James Russell Lauderdale
11 de abril de 1957
Troutman, Carolina del Norte

Este músico de Carolina del Norte es uno de los más grandes talentos que ha dado la música de raíces norteamericanas en los últimos cincuenta años. Habitual de gente como Buddy Miller, Ralph Stanley o Donna The Buffalo, sus canciones han sido cantadas por gente del nivel de Elvis Costello, George Strait, Vince Gill o Patty Loveless. Hijo de una profesora de piano y directora musical de la Iglesia Presbiteriana de Troutman y de un ministro de la misma Iglesia, no es de extrañar que el pequeño Jim se iniciara en la música a través del góspel, una pasión que se convertirá en una de sus máximas influencias. En 1979 se traslada a Nashville, aprende a tocar la mandolina de la mano de Roland White y se enrola en la banda de Floyd Domino. Pero será en 1980 cuando se produzca el hecho que cambiará su vida. Ese año conoce a Buddy Miller, que lo incorpora a su banda. Lo más difícil está hecho. Gracias a eso consigue incorporarse a una gira itinerante que incluye a gente como Rosie Flores, Lucinda Williams y Dale Watson, y todos quedan sorprendidos por su capacidad como intérprete y compositor. En 1989 graba un disco para CBS con el productor de Dwight Yoakam pero la

compañía se niega a editarlo hasta diez años más tarde, aunque sí conseguirá publicar ese año *Planet of Love*, coproducido por Rodney Crowell y John Leventhal, con buenas críticas y en el que muestra su innata habilidad para escribir canciones contemporáneas sin desmarcarse de la tradición. Será el primero de una carrera que en la actualidad se acerca a la treintena de referencias, entre las que destacan *Whisper* (1998), *The Other Sessions* (2000), *The Hummingbirds* (2002), *Headed for the Hills* (2004) o *Country Super Hits Vol.1* (2006). Paralelamente se labra una merecidísima fama de insuperable músico de apoyo. Se convierte en fijo de la banda de Elvis Costello y colabora con John Mayall, Willie Nelson, Rick Treviño, Charlie Louvin, Solomon Burke, Hacienda Brothers, James Cotton y un larguísimo etcétera. En 2013, su inabarcable carrera se recoge en el documental *Jim Lauderdale: The King of Broken Hearts*, dirigido por Jeremy Dylan y en el que se puede observar la grandeza de un músico inconmensurable.

Jerry Lee Lewis

El asesino del country

29 de septiembre de 1935
Ferriday, Louisiana

En 1967 la carrera de Jerry Lee Lewis, apodado *The Killer*, parecía tocar a su fin. No conseguían encontrar canciones que despertaran del letargo mediático al que había sido considerado uno de los grandes del rock and roll, «Whole Lot of Shakin' Going On» o «Great Balls of Fire», ambas de 1957, quedaban muy lejos y había que hacer algo para eludir el final aparente de su trayectoria. Fue Eddie Kilroy, mánager de promoción de Mercury, el que sugirió a Charlie Fach, uno de los jefazos de la compañía, que la solución podía ser que Jerry grabara un disco íntegro de country. Kilroy convenció al músico para que grabara esa sesión como favor personal. La primera canción que graban es «Another Place, Another Time» de Jerry Chestnut, lanzada como single el 9 de marzo de 1968 y convertida en un éxito en todo el Sur de manera inmediata. Así que vuelven al estudio para grabar un nuevo lote de canciones entre las que destaca «What's Made Milwaukee Famous (Has

Made a Loser Out of Me)», un tema compuesto por el propio Jerry que se convirtió en el primer single de su nuevo disco, titulado también *Another Place, Another Time* y en su primer 1 uno en las listas de country. Sorprendentemente y sin que nadie lo esperara, excepto Kilroy probablemente, Jerry Lee Lewis se había convertido en la estrella de la música de vaqueros más rentable del mundo.

Ernest Tubb o Fred Rose se convirtieron en nombres habituales en la lista de canciones seleccionadas para los discos de *The Killer*, que entre 1968 y 1977 consiguió colocar hasta 17 canciones en los diez primeros puestos de las listas de country, incluyendo cuatro números 1. En cuanto a discos de larga duración, trabajos como *She Still Comes Around* (1969), *The Golden Cream of Country* (1970) o *A Taste of the Country* (1970) recogieron buena parte de esas canciones de un éxito que el 20 de junio de 1973 le lleva a aparecer nada menos que en el Grand Ole Opry. Eso sí, la cabra tira al monte y en 1973 Lewis vuelve a grabar con músicos de rock como Albert Lee o Rory Gallagher, preparando ya su paulatina vuelta al rock and roll.

Los Lobos

La banda más grande del Este de Los Ángeles

1973
Los Ángeles, California

Está claro que Los Lobos no son estrictamente una banda de country rock. En sus canciones han tocado todos los géneros y probablemente el blues haya sido más influyente en su música, pero partiendo del paralelismo indiscutible entre la ranchera y la música de la frontera estadounidense, era inevitable incluirlos en este volumen.

Formados por tres hijos de inmigrantes mexicanos como David Hidalgo, Louie Pérez, Conrad Lozano y un mexicano de Hermosillo como César Rosas, a los que se les une casi desde el principio el miembro de The Blasters Steve Berlin, el grupo juega desde sus inicios con la combinación de lo tradicional y el rock and roll que tanto les chifla, con Ritchie Valens o Thee Midniters como nombres de cabecera. En sus inicios en East L.A. del que surgirá su eslogan «just another band of East L.A.» se mezclan con gente como The Blasters o X que los acogerán en ese movimiento que une el punk con el country y el rock and roll, generado en California a finales de los setenta, como uno de los suyos. Tomando como referencia a Ry Cooder, uno de los nombres que los pone a todos de acuerdo, inician su andadura en el rock and roll tras algún disco totalmente tradicional, con la publicación del

mini LP *And a Time to Dance* en 1983. «Empezamos explorando el tex-mex, el folk y el country» ha asegurado Hidalgo en varias entrevistas. Un año después publican *How Will the Wolf Survive?*, cuya canción principal convertirá en un auténtico hit Waylon Jennings, mientras ellos hacen lo propio con su celebérrima versión de «La Bamba» de Ritchie Valens. A partir de ahí irán dejando muestras de su amor por el country en muchas de sus canciones como «One Time One Night» de *By the Light of the Moon* (1987) o «Emily» o «Deep Dark Hole» de *The Neighborhood* (1990).

Quizá, eso sí, es en sus colaboraciones paralelas donde encontramos el nexo más profundo entre Los Lobos y el country rock. Y es que los miembros de la banda, fijos desde su creación hasta hoy, han aparecido de una manera u otra en trabajos de Ry Cooder, T-Bone Burnett, Dave Alvin, Tom Russell, Jerry Garcia, Dolly Parton, The Long Ryders, Rosie Flores y un larguísimo etcétera.

Lone Justice
Lo que pudo ser y no fue

1982 – 1986
Los Ángeles, California

Con tan solo tres años, Maria McKee andaba codeándose con artistas del calibre de Frank Zappa o The Doors gracias a que su hermanastro era el guitarrista Bryan Maclean, principal compositor de las canciones de Love. Cuando la muchacha creció formaron juntos el grupo Maria McKee Band pero ella pronto prefirió inclinarse por la música de raíces, así que en 1982 forma junto al country rocker Ryan Hedgecock la banda Lone Justice, que rápidamente, y gracias a la recomendación de Linda Ronstadt, consiguió un contrato con Geffen Records. Su primer disco publicado en 1985 iba a ser muy bien recibido, no solo gracias a su buen sonido country de influencias rock sino también al hecho de que Jimmy Iovine (Bruce Springsteen, Dire Straits) fuera su productor y que gente como Steve Van Zandt o Tom Petty les cediera alguna de sus canciones. Bastante peor les fue con su segundo trabajo, *Shelter* (1986), de nuevo con la implicación de Van Zandt pero con una formación nueva casi al completo y en el que abandonan el cow-punk y el country rock de su debut para dedicarse a sonidos más cercanos al pop-rock. Eso les llevó a la disolución y al lanzamiento de McKee en solitario para iniciar una discreta carrera que tiene sus mejores momentos en *You Gotta Sin to Get Saved* (1993) y el más reciente *Late December* (2007).

The Long Ryders

La esencia del Paisley Underground

1984 – 1987
Los Ángeles, California

Entre los grupos de lo que a mediados de los ochenta se denominó Nuevo Rock Americano, adscritos también al movimiento conocido como Paisley Underground, son The Long Ryders, liderados por el inefable Sid Griffin, uno de los más cercanos al country. La herencia de Gram Parsons o Buffalo Springfield era notoria en su música y su mezcla de country y rock se convirtió en una de las mejores definiciones para el subgénero citado y en unos esenciales precursores del country alternativo de los noventa.

En sus años en activo, entre 1984 y 1987, fueron capaces de facturar tres espléndidos discos y un EP que fue complementándose con grabaciones inéditas después de su separación. Tras su disolución, y a pesar de alguna reunión puntual, Sid Griffin se traslada a Londres, se convierte en periodista musical y se especializa en Bob Dylan. Se mantiene en activo realizando algún concierto acústico y publica tres discos en solitario, el más reciente de ellos *The Trick Is to Breathe* (2014).

The Louvin Brothers
Bendita fraternidad
1940 – 1963
Section, Alabama

Ira Lonnie Loudermilk (1924 – 1965) y Charlie Elzer Loudermilk (1927 – 2011), con sus apellidos cambiados al más sencillo Louvin, están considerados uno de los dúos más importantes de la música country desarrollando lo que se conocería como *close harmony*, o lo que es lo mismo, una armonía en la que las voces, con exclusión de los graves, se producen dentro de una octava o a veces en el intervalo de una décima. En su caso se combinaban dos voces de tenor: la emocional de Ira y la suave y melodiosa de Charlie, consiguiendo un efecto devastador.

Se inician en el góspel pero rápidamente obtienen éxito en la música profana con canciones como «The Get Acquainted Waltz», producida por Chet Atkins, que también añadió una guitarra, o «Cash on the Barrelhead». En 1955, tras haberlo intentado en diez ocasiones, pasan a formar parte del elenco que participa en el Grand Ole Opry y mantendrán esa condición has-

ta 1963, momento en el que se separan. A pesar de su estilo absolutamente
tradicional y muy influido por los Monroe Brothers, no escapan al influjo
del rock and roll y también se adentran levemente en el estilo con canciones
como el hillbilly «Don't Laugh», en la que sin embargo no dejan de lado sus
instrumentos acústicos, o baladas rockabillys como «My Baby's Gone». En
los sesenta se dedican a grabar básicamente discos conceptuales como los
homenajes a Roy Acuff o a The Delmore Brothers y, sobre todo, *Satan is
Real*, un disco de redención que contrasta con la vida dilatada que llevaba especialmente Ira. De hecho, ese fue el principal motivo por el que Charlie se
separará de él en 1963, apenas un par de años antes del accidente que acabó
con su vida por culpa de un conductor borracho.

Charlie había iniciado su trayectoria en solitario en 1964 con «I Don't
Love You Anymore», que rápidamente se situó en el puesto 4 de las listas de
éxitos. Su carrera fue bien recibida por el público gracias a canciones como
«See the Big Man Cry» (1965) y siguió apareciendo de manera regular en el
Opry. Tras casi desaparecer en los ochenta y los noventa, con la llegada del
nuevo milenio, Louvin vuelve con fuerza y en 2007 edita un disco titulado
con su nombre en el que colaboran George Jones, Elvis Costello, Marty
Stuart, Tom T. Hall y Jeff Tweedy, siendo incluso nominado a un Grammy.
Eso le anima a seguir publicando discos y un año después edita el espléndido
Sings Murder Ballads and Disaster Songs. En 2010 publica el que a la postre
será su último trabajo, el póstumo *The Battles Rage On*, ya que había fallecido
poco antes, ese mismo año, a causa de un cáncer de páncreas.

Patty Loveless

La gema que moldeó un minero

Patty Lee Ramey
4 de enero de 1957
Pikeville, Kentucky

La más pequeña de los Ramey, hija de un minero del carbón, recibió de este su
amor por la música, al igual que sus hermanos. Dos de ellos, Dottie y Roger,
formaron el grupo The Swinging Rameys en el que Patty acabaría entrando

como cantante. En 1971 ambos llegan a Nashville para reunirse con Porter Wagoner y Dolly Parton, que se convierte en madrina de la carrera de una Patty que en 1974 entra a formar parte de The Wilburn Brothers. Precisamente en el grupo conocerá a su futuro marido, Terry Lovelace, de quien adoptará su apellido, modificándolo levemente, como nombre artístico. Aunque su carrera aún tardará algo en despegar: prácticamente hasta que en 1985, con su padre fallecido y su matrimonio finiquitado, decide apostar su música en un todo o nada.

Ese mismo año ficha por MCA y un año después lanza su primer disco, llegando al puesto 35 de las listas. Lenta pero segura va haciéndose un hueco en el corazón de los amantes del country destacando especialmente por su voz. Sus grandes éxitos llegarán con «A Little Bit in Love» (1988) y, sobre todo, «Timber, I'm Falling in Love» (1989). Los noventa irán bien y Patty coloca cuatro de sus discos en el Top 10 pero también sufre un parón en su carrera al detectársele en 1992 una fuga en un vaso sanguíneo de las cuerdas vocales, por lo que debe ser intervenida de inmediato. Mujer de fuerte carácter, en 2000 volverá a retomar con fuerza su carrera llegando a lanzar hasta seis discos. Una década en la que también será incluida como miembro número 65 del Grand Ole Opry.

Lyle Lovett

Injustamente olvidado, necesariamente reivindicable

Lyle Pearce Lovett
1 de noviembre de 1957
Klein, Texas

Se podría decir que la historia no ha sido justa con Lyle Lovett. Su inacabable clase y su calidad artística nunca han sido del todo reconocidas y tuvo que aguantar ser conocido, durante un tiempo, simplemente como el marido de la actriz Julia Roberts. Pero si hiciéramos un repaso a los músicos de country aparecidos en los ochenta nos costaría encontrar a alguno mejor que el de Klein.

No fue el suyo uno de esos casos de precocidad, ya que no empezó a escribir canciones hasta que acabó sus estudios de periodismo y alemán en la universidad a finales de los setenta. Se traslada a Europa para seguir sus estudios y es allí donde decide dedicarse a la música, faceta en la que se concentra tras regresar a su país, aunque curiosamente conseguirá primero entrar en el mundo del cine que en el de la música, ya que debuta en las grandes pantallas en 1983 junto a Mickey Rooney, mientras que tendremos que esperar hasta 1986 para disfrutar de su primer y homónimo disco. Un trabajo espléndido en el que le dan soporte Rosanne Cash y Vince Gill, entre otros, y que rápidamente es comparado con *Guitar Town* de Steve Earle, publicado ese mismo año. Las composiciones de Lovett ya se muestran en todo su esplendor y él se confirma como un cantante fantástico, mezclando lo tradicional con lo contemporáneo sin olvidarse de guiños al jazz, al folk o al pop. Dos años después llega *Pontiac* y sus ventas ya se alzan hasta el disco de oro. Lejos de la aparente dificultad del segundo disco, este supone una confirmación, ya que no solo alcanza el nivel de su predecesor sino que lo supera con el eclecticismo ya convertido en una de sus marcas de fábrica. Lo más difícil está hecho. Sus álbumes mantienen el nivel y cada vez es más respetado tanto por crítica como por público. Su música tiene un tinte oscuro y atmosférico que lo hace especial pero también es capaz de combinarlo con discos más luminosos como el fantástico *The Road to Ensenada* (1996), curiosamente publicado tras su divorcio de Roberts. Desde entonces todos y cada uno de sus trabajos han contado con las alabanzas de los críticos y siempre se han metido en los primeros puestos de las listas de country e incluso de pop, a pesar de que su nombre suele ser incomprensiblemente olvidado cuando se cita a los grandes del género.

Lucero

El sonido de Memphis en el siglo XXI

1998
Memphis, Tennessee

El grupo liderado por Ben Nichols es probablemente uno de los combos más interesantes del actual country rock, aunque delimitar su música a esa definición puede ser demasiado osado. Y es que en Lucero hay mucho country, evidentemente, pero también blues, soul o rock clásico. Tardan dos años y doscientos conciertos en grabar su primer disco, el autoeditado *The Attic Tapes* (2000), y unos cuantos más en obtener el reconocimiento que merecen con *Rebels, Rogues & Sworn Brothers* (2006). Será su último álbum en una independiente, de hecho su propia compañía, antes de firmar por CBS, y gracias a colar una de sus canciones en la serie televisiva *Cold Case*, motivo por el que crítica y público girarán su mirada hacia ellos. En 2009 publican

el fantástico *1372 Over-*
ton Park y en 2012 repiten con *Women & Work,*
uniendo a su sonido
country-punk la apor-
tación de unos metales
que les dan un aroma a
soul factoría Stax. Su último trabajo, el más cal-
mado *All a Man Should
Do* (2015), los confirma
como una de las grandes

bandas del momento. Paralelamente Ben Nichols, líder y cantante, ha desarrollado una carrera en solitario, donde destaca el EP *The Last Pale Light in
the West* (2009), grabado a partir de textos del escritor Corman McCarthy.

Loretta Lynn

La gran dama del country

Loretta Webb
14 de abril de 1932
Butcher Hollow, Kentucky

La figura de Loretta Lynn no solo es reconocida por su enorme talento,
sino también por haber colaborado a mejorar la situación de la mujer en
un género mayormente dominado por hombres. Tras empezar cantando en
la iglesia, con apenas 16 años se casa con Oliver «Mooney» Lynn, de quien
adoptará su célebre apellido. Los primeros años de matrimonio los dedicó a
tener y cuidar a sus cuatro hijos pero en 1959, decidida a probar suerte en la
música, consigue un contrato con Zero Records y edita «I'm a Honky Tonk
Girl» consiguiendo bastante éxito a nivel local. Gracias a eso la familia decide trasladarse a Nashville en 1960 y dos años después Lynn ya ha firmado
con Decca Records.

Amiga íntima de Patsy Cline, tuvo que ver como esta fallecía en un accidente de aviación antes de que ella obtuviera su primer gran éxito gracias a las

canciones «Before I'm Over You» (1963) y, sobre todo, «Wine, Women and Song» (1964), que llega al puesto 3 de las listas de country. En 1963 también publica su primer LP, *Loretta Sings*, con el que se alza hasta el puesto número 2 de las mismas listas. Su siguiente paso será apartar ligeramente las canciones de otros y empezar a escribir sus propios temas. Desde el inicio, Loretta se muestra como una experta en reflejar la sociedad que le rodea, con una capacidad innata para que el público se identifique con sus letras. En 1966 consigue su primer gran éxito con una canción propia gracias a «Uncle Sam», que trata de la guerra de Vietnam, aunque tiene que esperar hasta 1967 para ver su nombre en lo más alto de las listas gracias a «Don't Come Home A-Drinkin' (With Lovin' on Your Mind)». Ese mismo año, el LP *You Ain't Woman Enough* alcanzará el mismo puesto, algo que repetirá un año después con *Don't Come Home A-Drinkin' (With Lovin' on Your Mind)*. No había sido como otras un talento precoz, ya que por entonces Loretta contaba con 35 años, pero ya era una estrella del country.

Con la llegada de los setenta, Loretta entabla una fructífera colaboración con Conway Twitty que los llevará a encadenar cuatro álbumes consecutivos en el número 1 entre 1973 y 1976, y cinco singles consecutivos en el mismo puesto entre 1971 y 1975, con canciones como «Lead me On» o «Louisiana Woman, Mississippi Man». Gracias a esa relación también gana su primer Grammy en 1971. A mitad de la década aprovecha su estatus de estrella para empezar a defender los derechos de la mujer y hablar públicamente de los cambios de tendencia en los temas de género utilizando como vehículo su primera biografía, *Coal Miner's Daughter*.

Como a tantos otros, los ochenta sentaron fatal a Loretta Lynn, que solo consiguió una canción de éxito con «I Lie» (1982) y que tuvo que ver como su hijo de 34 años fallecía ahogado, tragedia personal que la llevó a ser ingresada por una profunda depresión. La década acaba algo mejor cuando en 1988 es inducida al Country Music Hall of Fame pero rápidamente se retira para cuidar de su marido, afectado de diabetes. En 1993 resurge gracias a la grabación de *Honky Tonk Angels* junto a Dolly Parton y Tammy Wynette. Certificado como oro, alcanza el puesto 6 en las listas, aunque solo publicará un disco más durante el resto de la década, *Making More Memories* (1994). Semiretirada, publica *Still Country* en 2000 y sale definitivamente del olvido cuando en 2004 la estrella de rock alternativo Jack White decide producir su siguiente disco, *Van Lear Rose*. Ella tenía 72 años y él 28, pero la aparentemente imposible unión los lleva al puesto 2 de las listas de country y a unas críticas espléndidas, por no hablar de los dos Grammy que ganan, aunque las fuerzas empiezan a fallar a la cantante que solo realiza algunos conciertos puntuales fuera de casa. La cosa se complica cuando en 2013 pierde a su segunda hija a causa de un enfisema. En 2016, cuando nadie lo esperaba, Loretta Lynn se saca de la manga un disco maravilloso titulado *Full Circle*, que recibe las mejores críticas de su carrera.

Shelby Lynne

La tentación rubia

Shelby Lynn Moorer
22 de octubre de 1968
Quantico, Virginia

Nacida en una familia de músicos que admiraban por igual el pop británico que a Elvis, con una madre cantante y un padre guitarrista, estaba claro el futuro de la joven Shelby Lynne Moorer. Aunque su vida no fue fácil. Cuando Shelby tenía 17 años su padre mató de un tiro a su madre y luego se suicidó en presencia de ella y de su hermana, la también futura cantante Allison Moorer, lo que evidentemente marcará sus siguientes años.

En 1989, instalada en Nashville, consigue grabar su primer LP tras haber obtenido un single de relativo éxito como «If I Could Bottle This Up», grabado a dúo junto a George Jones. *Sunrise* (1989), *Tough All Over* (1990) y *Soft Talk* (1991) son sus primeros pasos y gracias al último gana el premio de la Academia como mejor nueva vocalista del country. Cansada de la monotonía y después de tres discos más, se traslada a California donde grabará *I Am Shelby Lynne*, con el que gana el premio Grammy a la mejor artista novel del country ¡tras trece años de carrera! En 2001 se inclina algo más por el pop en *Love Shelby*, aunque con *Identity Crisis* (2003) regresa a las raíces y a la escasez de producción, algo que repite en *Suit Yourself* (2005). Participa en el biopic de Johnny Cash, *I Walk the Line*, interpretando a la madre del de Arkansas y en 2008 graba un tributo a Dusty Springfield bajo el título de *Just a Little Lovin'* que se convierte en su disco mejor recibido por la crítica hasta *Tears, Lies and Alibis* (2010), alabado por todos los medios. *Revelation Road* (2011) y *I Can't Imagine* (2015) son sus últimos trabajos.

The Marshall Tucker Band

Sureños con sombreros Stetson

1972
Spartanburg, Carolina del Sur

Aunque The Marshall Tucker Band es básicamente una banda de rock sureño, la influencia de la música country es indiscutible en sus canciones. Como tantas otras bandas del género se ha caracterizado por los cambios de formación, aunque el cantante Doug Gray se ha mantenido en todas ellas.

El grupo consigue, de manera sorprendente, que sus cuatro primeros discos sean certificados como discos de oro y solo uno de ellos no entra en el Top 50. Desde el principio se acercan al sonido sureño de bandas como Allman Brothers Band pero no le hacen ascos al country rock, cosa que les

hace también entrar a menudo en las listas de éxitos del género. En 1977 superan sus propios registros y llegan a ser certificados disco de platino con *Carolina Dreams* con el que también llegan al Top 25 de las listas de country. El álbum incluye su mayor éxito hasta la fecha, «Heard It in a Love Song», número 14 en las listas de pop y 51 en las de country. Curiosamente, a partir de ahí, las ventas descenderán y desde 1983 ya no lograrán volver a entrar en ninguna lista el resto de su carrera.

The Mavericks

Brillante diversión

1989
Miami, Florida

Pocos grupos pueden aunar calidad y diversión como lo hace esta banda integrada en la actualidad por Raul Malo, Paul Deakin, Eddie Pérez y Jerry Dale McFadden. Caracterizados por la fusión del country con elementos latinos, su música está marcada por la increíble capacidad vocal de un Malo continuamente comparado con Roy Orbison.

Como tantas otras bandas, The Mavericks se hicieron un nombre a base de tocar en locales cercanos a su domicilio hasta que en 1991 graban su ho-

mónimo debut y al año siguiente *From Hell to Paradise*. Eso les permite salir
de su estado y empezar a girar por el país. Con su segundo disco, además,
entrarán por primera vez en listas gracias a la versión de «Hey Good Lookin'» de Hank Williams. En 1996 llega el magnífico *What a Crying Shame*,
platino en Canadá y doble platino en Estados Unidos y cuya canción titular
llega al Top 25, mientras el disco se planta en el puesto 6. Con *Music for All
Occasions* (1995) llega su éxito en forma de single, gracias a «All You Ever
Do Is Bring Me Down» en la que participa Flaco Jiménez y que los lleva al
puesto 15 de las listas de country. Su siguiente disco, *Trampoline* (1998), em-
peorará sus resultados de ventas en Estados Unidos pero curiosamente los
llevará al número 4 en Inglaterra con la canción «Dance the Night Away».
Su fama de grupo infalible y divertido en directo corre como la pólvora y
los conciertos les salen de debajo de las piedras, aunque deciden tomarse un
descanso y Malo publica su primer disco en solitario y participa en un trabajo de Los Súper Seven. En 2003 se vuelven a reunir y publican otro disco
homónimo, quizá su peor trabajo, y que a pesar de notables resultados los
lleva a volver a separarse.

Casi por sorpresa, en 2011 se vuelven a reunir y graban *In Time* (2013),
obteniendo los mejores resultados de su carrera, con el disco en el puesto 8 de las listas. Lo mejorarán con *Mono* (2015), que llegará hasta el 5
y que los confirma como una banda todavía, con un futuro inmejorable.

Tift Merritt

Conmovedoras historias sonoras

Catherine Tift Merritt
8 de enero de 1975
Houston, Texas

Aunque nacida en Texas, Tift Merritt se traslada muy pronto a Carolina del Norte, lugar en el que pasa su infancia y donde vivirá hasta hoy. Su padre fue el encargado de enseñarle los primeros acordes de guitarra y rápidamente se vio atraída, como tantos jóvenes, por el punk, lo que empezó a cambiar la primera vez que escuchó a Joni Mitchell y a Emmylou Harris, desarrollando poco a poco una atracción hacia el sonido de las guitarras acústicas. Ella misma asegura que *Quarter Moon* de Harris fue el disco que cambió su vida

y le convenció para intentar labrarse un futuro en la música.

Empieza a tocar con el grupo Two Dollar Pistols ocupándose de la guitarra acústica y cantando a dúo con el cantante John Howie y lanzan un EP de siete canciones que verá la luz en 1999. Pero un año antes Merritt ya ha formado su propia banda, The Carbines con los que toca por todos los locales del estado. El año 2000 la cantante gana el Merlefest

de Austin y Ryan Adams pone a su mánager, Frank Caralli, tras su pista. El tipo finalmente la ficha para Lost Highway Records. Allí publicará sus dos primeros discos, *Bramble Rose* (2002), en el que tocan Ethan Johns y Benmont Tench, y *Tambourine* (2004) producido por George Drakoulias. El productor repetirá en 2008 con *Another Country*, mientras Merritt ya se ha ganado a pulso el alias de «nueva Emmylou Harris». Sus últimos trabajos, *See you on the Moon* (2010), *Traveling Alone* (2012) y *Night* (2013), mantienen un excelente nivel.

Buddy Miller

Escudero de lujo

Stephen P. Miller
6 de septiembre de 1952
Fairborn, Ohio

Buddy Miller es probablemente una de las figuras en la sombra más importantes de la historia del country rock. Ya sea como músico de sesión o como productor, Miller, casado con la también cantante Julie Miller, ha desarrollado una carrera envidiable y de una calidad casi insuperable. Sus primeros pasos como intérprete destacables se producen cuando a finales de los setenta crea The Buddy Miller Band, en la que encontramos a Shawn Colvin a la guitarra y voz. Tras entablar amistad con el que sería su amigo inseparable Jim Lauderdale se traslada a Nashville y empieza a trabajar con gente como Victoria Williams o Mark Heard. En 1995 debuta con su primer disco propio, *Your Love and Other Lies*, una maravilla que marcará la línea de calidad que moverá toda su carrera, ya sea como solista o formando dúo junto a su mujer, y llegando a la matrícula de honor en 2004 con *Universal United House of Prayer*. Su lista de premios es tan inabarcable como sus colaboraciones. Como músico participa en discos de Emmylou Harris, Lucinda Williams, Bobby Bare, Levon Helm, Willie Nelson o Johnny Cash. La lista de sus producciones no es menos impresionante: Richard Thompson, Robert Plant o Jimmie Dale Gilmore son solo algunas muestras.

Jason Molina
La sensibilidad del country-folk

Jason Andrew Molina
30 de diciembre de 1973 – 16 de marzo de 2013
Lorain, Ohio

Cuando Jason Molina fallecía a causa de un fallo multiorgánico se iba uno de los grandes compositores del country alternativo, comparado a menudo con figuras como Jeff Tweedy o Jay Farrar. Semi retirado desde 2009 a causa de su alcoholismo no superado, su familia tuvo incluso que pedir dinero a través de su página de Internet para intentar pagarle un tratamiento.

Molina inicia su carrera como bajista de varias bandas de metal en los años noventa mientras graba casetes con sus canciones por su cuenta. Una de esas cintas cae en manos de Will Oldham que le ayuda a iniciar su carrera solista con el single «Nor Cease Thou Never Now» publicado por Palace Records y firmado como Songs: Ohia. Ese será el proyecto que mantendrá hasta 2003 y aunque conserve el nombre grupal no hay duda de que se trata de algo totalmente personal, marcado por la voz susurrante de Molina, su intensidad interpretativa y su gran habilidad para escribir letras oscuras. En 1997 debuta en la discográfica Secretely Canadian con un disco con el nombre de la banda también conocido como *The Black Album*. En 1998 publica *Impala* y en 1999 *Axxess & Ace*. Los tres se mueven en un terreno indefinido entre el indie-rock acústico y el country alternativo pero esa dificultad para etiquetarlo, lejos de perjudicar, beneficia al músico que ve como le siguen fans de diferentes tendencias. La evolución en los tres discos es evidente y Molina pasa de una inseguridad manifiesta a una solvencia indiscutible. Publica cuatro discos más como Songs: Ohia, siendo el último

Magnolia Electric Co., que dará título a su siguiente proyecto. Antes publica con su nombre *Pyramid Electric Co.* (2004), claramente folk, en una jugada que repetirá en 2006 y en 2012. El primer álbum firmado como Magnolia Electric Co. es un disco en directo, *Trials & Errors* (2005), y en él parece inclinarse más por su parte más indie aunque en *What Comes After the Blues* del mismo año regresa a sonidos más country-folk. Antes de su muerte publicará tres magníficos discos más: *Fading Trails* (2006), *Sojourner* (2007) y *Josephine* (2009).

Bill Monroe
El padre del bluegrass

William Smith Monroe
13 de septiembre de 1911 – 9 de septiembre de 1996
Rosine, Kentucky

En la historia de la música country hay diversas figuras que pueden considerarse desarrolladores de un género: músicos que ayudan a definir los patrones de un estilo. Una de ellas es sin duda Bill Monroe, nacido como William Smith Monroe en Jerusalem Ridge, un pequeño asentamiento perteneciente al municipio de Rosine, en Kentucky. Virtuoso precoz, el joven Bill tuvo que buscarse un instrumento que tocar en una familia numerosa en la que alguno de sus miembros ya tocaba acordeón, guitarra, armónica o violín. Optó por la mandolina, y el sonido campestre del instrumento cambió para siempre su vida. Huérfano con apenas diez años, fue recogido por su tío Pendleton Vandivier, personaje esencial para su desarrollo como persona y al que dedicaría en 1950 su canción «Uncle Pen». Pero no adelantemos acontecimientos.

En 1929 se marcha a Indiana para trabajar en una refinería de petróleo junto a sus hermanos Bill y Charlie y su amigo William «Old Hickory« Hardin que tocaba la guitarra. Juntos formarán una banda que será la semilla de su primer gran grupo, el dúo Monroe Brothers, formado solo junto a Charlie. Su sonido, marcado por la mandolina y una cadencia casi nerviosa, los hace especiales a los ojos de cualquiera que puede verlos y acaban grabando más de cincuenta canciones, muchas de las cuales se convierten en éxitos

en las emisoras de country, para RCA.
Uno de sus seguidores es el virtuoso del
banjo Earl Scruggs, al que Bill acabará
incorporando a su grupo en 1945, justo
seis años después de haber cambiado su
nombre por el de The Blue Grass Boys
en honor a su estado, Kentucky, conoci-
do como el estado de la hierba azul *(blue*
grass). Poco después de la entrada de Scruggs, es el cantante Lester Flatt el
que se incorpora también. El grupo acabará dando nombre a un género an-
clado en el country pero con pinceladas de jazz y blues, fuertemente influido
por la música tradicional que se hacía en las islas Británicas. El bluegrass
acababa de nacer y tiene su momento de máximo esplendor cuando en 1947
el grupo graba «Blue Moon of Kentucky», una canción excelsa que pasará
a la historia por ser la cara B del primer single editado por Elvis Presley
para Sun Records, convertida allí en rockabilly. Monroe fallecerá en 1996 en
Springfield, Tennessee, a los 85 años de edad. Un año después, su influencia
y esencialidad será reconocida en todos los ámbitos al ser incorporado al
Rock and Roll Hall of Fame.

Willie Nelson

El outlaw pelirrojo

Willie Hugh Nelson
29 de abril de 1933
Abbot, Texas

Cuando escribo estas líneas, Willie Nelson se encuentra disfrutando de un
nuevo número 1 en su carrera, curiosamente, en las listas de jazz gracias a
su disco *Summertime: Willie Nelson Sings Gershwin* (2016). Otro éxito en un
historial inacabable y que lo han convertido, por derecho propio, en uno de
los grandes nombres de la historia del country. Criado en medio de la Gran
Depresión por sus abuelos, con apenas diez años ya andaba formando parte
de bandas de country, algo que tuvo que dejar cuando en 1950 se alista en las

fuerzas aéreas. Por suerte para la música de nuestro tiempo fue rápidamente rechazado por problemas de espalda y empieza a trabajar como DJ de emisoras de Texas. Mientras intenta dedicarse a la música estudia agricultura en la Universidad de Baylor y trabaja como vigilante de discoteca, fabricante de sillas de montar y podador de árboles. En 1958 consigue firmar un contrato con D-Records como compositor y deja todos sus empleos para dedicarse a su gran pasión. Escribe temas como «Night Life» o «Family Bible» y en 1960 intenta trasladarse a Nashville, cuna del country, pero sus maquetas son rechazadas en la ciudad.

Será gracias a Hank Cochran, que lo verá actuar en un bar y lo recomendará como compositor a Pamper Music, que conseguirá su primer contrato. Uno de los socios de la compañía es el legendario Ray Price, que grabará «Night Life» y lo unirá a su banda como bajista. Nelson empezará a colocar sus canciones a gente como Patsy Cline («Crazy»), Billy Walker («Funny How Time Slips Away»), Faron Young («Hello Walls») o Roy Orbison («Pretty Paper»). En 1962 graba muchas de esas canciones y debuta con ...And Then I Wrote que incluye «Touch Me», con el que se mete en el Top 10 de las listas de country. Los sesenta transcurren entre éxitos discretos, más como compositor que como intérprete. Su mayor éxito de la década en cuanto a álbumes es Make Way for Willie Nelson (1967), que llega al puesto 7 de las listas de country, y en cuanto a singles destacan canciones como «Bring me Sunshine», «Blackjack County Chain» o «One in a Row». Todo cambiará con la llegada de los setenta. Tras una serie de problemas personales y económicos, Willie abandona las corbatas y los trajes, se deja el pelo largo y viste de forma más despreocupada. Su forma de vida y su imagen se ven influidas por la amistad con Waylon Jennings, que con su canción «Ladies Love Outlaws» (1972) da nombre a un nuevo subgénero, el outlaw country, con Willie como uno de sus máximos exponentes. En 1975 logra colocar un disco suyo, por primera vez, en el número 1: Red Headed Stranger, en el que combina canciones propias con temas de Hank Cochran, Fred Rose o Eddie Arnold. Un año después participa en Wanted! The Outlaws Proscribe junto a Jennings, Jessi Colter y Tompall Glaser, alcanzando rápidamente la categoría de platino. A partir de ahí, su fama ya no disminuirá. The Troublemaker (1976), Waylon & Willie (1978) junto a su eterno amigo o San Antonio Rose (1980) junto a Ray Price son grandes éxitos de crítica y también de ventas y lo confirman definitivamente como un grande del country, lo que Nelson aprovecha para implicarse en causas sociopolíticas. Se convierte en un firme defensor de la legalización de la marihuana, siendo copresidente de la Or-

ganización Nacional para la Reforma de las Leyes de Marihuana y en 1985
funda el Farm Aid junto a Neil Young y John Mellencamp con el objetivo
de defender los derechos de los agricultores. Además forma organizaciones
en defensa de la utilización de combustibles biodegradables y se implica en
la defensa del matrimonio homosexual. Todo eso no evita que siga grabando
buenos discos como *Funny How Time Slips Away* (1985), *Across the Borderline*
(1993), *Spirit* (1996), *Teatro* (1998) o *Songbird* (2006). En las últimas décadas
de su carrera se especializa en grabar discos a dúo y publica junto a Wynton
Marsalis, Asleep at the Wheel o Kimmie Rhodes. Quizá porque todos quieren grabar con Willie Nelson, una auténtica leyenda.

Mike Ness

El eslabón entre country y punk

Michael James Ness
3 de abril de 1962
Stoneham, Massachusetts

A muchos puede sorprender la presencia del líder de la banda de punk-rock Social Distortion en este volumen, pero entre la influencia que el country ha tenido en el grupo y los dos excelentes discos del género que Ness publicó en solitario a finales de los noventa, su presencia está más que justificada. Además, Mike Ness representa a la perfección esa unión permanente entre el punk y el country. Numerosos son los músicos que acaban en el country después de haber tenido un pasado punk y aunque Mike también ha vivido el camino a la inversa, su nombre es uno de los más reconocidos. En 1990, en el segundo disco de Social Distortion, de título homónimo, ya se incluía una versión del «Ring of Fire» de Johnny Cash y el grupo siempre ha mostrado su pasión por el género. Sin ir más lejos, su guitarrista Jonny Wickersham publicaba en 2014 un auténtico tratado de country rock, el espléndido *Salvation Town*, bajo el nombre de Jonny Two Bags. Algo que su jefe ya había hecho antes cuando en el mismo año, 1999, se saca de la manga dos fantásticos álbumes. *Cheating at Solitaire*, el primero de ellos, contiene versiones de Bob Dylan, Hank Williams o el clásico «Long Black Veil», unido a un puñado de temas propios de evidente naturaleza country y rockabilly. El segundo, *Under the Influences*, es un álbum de versiones de gente como Marty Robins, Billy Lee Riley, George Jones, Wanda Jackson o The Carter Family, entre otros, y en el que Mike Ness deja claro, de forma magistral por cierto, su amor por la música de raíces.

New Riders of the Purple Sage

Cenizas de la psicodelia

1969
San Francisco, California

Estamos ante el ojito derecho de Jerry Garcia, que incluso participó en alguna de las formaciones de la banda. De hecho, el grupo se forma como un vehículo para que el líder de los Grateful Dead y otros miembros de la banda como Phil Lesh o Mickey Hart dejen salir su vena más country. Se iniciaron tocando una especie de country rock fuertemente influido por la psicodelia, evolucionando en su sonido hacia algo más personal conforme los miembros de los Dead iban desapareciendo de su formación.

Debutan con un disco homónimo en 1971 y sorprendentemente se cuelan entre los 50 primeros de las listas de ventas. Al año siguiente, ya sin Garcia en la banda aunque colaborando como músico invitado, llega *Powerglide* y el grupo parece empezar a dejar de lado su vertiente más ácida demostrando que había vida propia alejados de los Grateful Dead. En *Gypsy Cowboy* (1972), su giro al country rock más tradicional ya es definitivo. Siguen sacando buenos discos como *Home, Home on the Road* (1974), producido por Garcia, pero en el que no se apartan de su línea estilística, o *Brujo* (1974), aunque en los ochenta se acaban separando. Años más tarde, Gary Vogensen y Rusty Gauthier, que entraron a formar parte del combo a principios de los ochenta, lo reactivan con escasa repercusión.

Nitty Gritty Dirt Band

Círculos irrompibles

1966
Long Beach, California

Cuando se habla de bandas precursoras del country rock se suele citar a The Flying Burrito Brothers, The Byrds o incluso los Eagles, pero a menudo se olvida a Nitty Gritty Dirt Band, curiosamente anteriores a todos ellos y como mínimo igual de influyentes, por no hablar de su longevidad temporal.

En 1966, a partir del New Coast Duo, integrado por Jeff Hanna y Bruce Kunkel, adquiere forma un grupo al que se unen Ralph Barr, Les Thompson, Jimmie Fadden y Jackson Browne. En su cabeza está dar un paso más allá del folk-rock de moda e introducir elementos del country en el estilo: la Nitty Gritty Dirt Band acaba de tomar forma y en 1967 verá la luz su primer y homónimo disco, ya sin Browne en la formación sustituido por John McEuen, que solo aparece como compositor de «Melissa», uno de los temas incluidos. Su propuesta es bien recibida y se cuela en las listas aunque sin llegar al éxito masivo. No van mucho mejor las cosas con *Ricochet*, publicado siete meses más tarde, aunque la crítica ya los considera un grupo de referencia. Ellos, en busca del éxito comercial, incorporan guitarra eléctrica y batería a su formación y así editan *Rare Junk* (1968) y *Alive!* (1969) pero ni por esas. El desánimo puede con la mayoría y se separan temporalmente hasta que en 1970 regresan con *Uncle Charlie & His Dog Teddy*, que incluye su revisión del «Mr. Bojangles» de Jerry Jeff Walker, convirtiéndose en su primer gran éxito al alcanzar el puesto número 9 en las listas. El disco mantiene el espíritu country pero el rock está más que presente, al igual que en su sucesor, *All the Good Times* (1971), y con esos parámetros se presentan en agosto de 1971 en Nashville para registrar una serie de canciones tradicionales junto a Roy Acuff, «Mother« Maybelle Carter, Doc Watson, Earl Scruggs, Merle Travis, Pete «Oswald» Kirby, Norman Blake y Jimmy Martin. El resultado es un triple álbum que se gana el respeto de una de las ciudades más duras con la mezcla de estilos y que se convierte en uno de los referentes futuros de cualquier músico de country rock, *Will the Circle be Unbroken* (1972). El camino del éxito está trazado y la banda, a pesar de sus numerosos cambios de formación se mantendrá hasta finales de la década en un estado de forma aceptable. En 1976, solo con Hanna, Fadden y McEuen de la formación que grabó el primer disco, deciden dejar su nombre en The Dirt Band y empiezan a grabar una serie de discos que se alejan de lo tradicional y se acercan más al pop-rock. La cosa no acaba de funcionar y en 1982 recuperan su nombre y vuelven a abrazar el country en *Let's Go* (1983), que alcanza un éxito notable gracias a la canción «Dance Little Jean». A pesar de eso, los ochenta son duros y a fínales de la década intentan recuperarse con *Will the Circle be Unbroken vol. 2* (1989) en el que participan Johnny Cash, Chris Hillman y Ricky Scaggs. La estrategia funciona y el disco gana un Grammy y un premio de la Country Music Association. Desde entonces el grupo no ha dejado de grabar cada cierto y tiempo y girar recibiendo el reconocimiento a su labor como pioneros de un género. En 1994 publican *Acoustic*, un muy buen disco, y en 2002 repiten con *Will the Circle be Unbroken vol. 3*, su tercer disco de versiones tradicionales en el que esta vez intervienen Willie Nelson, Dwight Yoakam, June Carter, Tom Petty o Emmylou Harris entre muchos otros. Su último trabajo hasta la fecha es *Speed of Life* (2009).

Old 97's

El genio de Rhett Miller

1993
Dallas, Texas

Hay bandas que están marcadas casi en su totalidad por la genialidad de su líder y Old 97's es una de ellas. Nacidos como banda de bar, en 1994 publican su primer disco, *Hitchhike to Rhome*, y un año después ya han fichado por una discográfica importante como Bloodshot Records para editar *Wreck Your Life*. Y es que Rhett Miller y los suyos reúnen a la perfección todas y cada una de las características de los grupos de Americana que en esos momentos están triunfando. Son el perfecto punto de encuentro entre country y rock, con buenas melodías y una instrumentación compacta. Tendrán que esperar hasta 2001 para entrar en las listas de Billboard con el álbum *Satellite Rides* en un discreto puesto 121. Curiosamente la mejor posición en las listas la alcanzaron en uno de sus últimos trabajos, *Most Messed Up* (2014), un año después de que se publicaran las demos que en 1996 habían grabado junto a Waylon Jennings. Paralelamente Rhett Miller ha desarrollado una

excelente carrera en solitario que había empezado en 1989 con *Mythologies* y que retoma en 2002 con *The Instigator*. Sus discos, extrañamente, son mejor recibidos a pesar de tener un espíritu ligeramente menos comercial. En 2015 publica su sexto disco, *The Traveler*, en el que le acompaña la banda de bluegrass Black Prairie.

Old Crow Medicine Show
Jóvenes aunque sobradamente preparados

1998
Harrisonburg, Virginia

Cuando el 17 de septiembre de 2013 Old Crow Medicine Show recibe el honor de entrar a formar parte del Grand Ole Opry demuestran que a pesar de su juventud son uno de los grandes grupos actuales del bluegrass y el country acústico. El grupo pasó en apenas cinco años de vender cintas de casete en las esquinas de la Gran Manzana a ser certificados como disco de platino gracias a «Wagon Wheel» en 2003, canción que acaban a partir de un tema que Bob Dylan dejó incompleto en 1973.

El primer larga duración del grupo llega en 2004 con *O.C.M.S.* , en el que se incluye la canción escrita «a medias» con Dylan y que los hace entrar directos al número 1 de las listas de bluegrass. En 2006 y con la producción de Dave Rawlings publican *Big Iron World* y el resultado es el mismo, pero le añaden un puesto 27 en las listas de country. Quizá por eso, por ese ascenso sin freno, Don Was (The Rolling Stones) les produce su siguiente trabajo, *Tennessee Pusher* (2008). Vuelven a colocarse en lo más alto de las listas de bluegrass y esta vez llegan al 7 de las de country. El grupo es una auténtica maravilla: excelentes músicos que garantizan la calidad de las interpretaciones, fantástico trabajo vocal y magníficas composiciones, tan tradicionales como originales. Tras ese disco, y con las fechas de concierto multiplicándose, el grupo se mete en un tren con Mumford & Sons y Edward Sharpe & The Magnetic Zeros para hacer un viaje entre California y Nueva Orleans mientras tocan. El invento se graba en DVD y acaba convirtiéndose bajo el título de *Big Easy Express* en un premio Grammy para ellos. Su siguiente disco, *Carry Me Back* (2012), confirma que mejoran con cada entrega y a su habitual número 1 en la lista de bluegrass esta vez se añade el 4 en las de country. Cuando en 2014 publican *Remedy*, todo el mundo espera un gran disco y ellos no hacen sino confirmarlo. Algo que se ve reforzado con el Grammy que ganan al mejor álbum de Folk del año.

Buck Owens

Inventando el Bakersfield Sound

Alvis Edgar Owens Jr.
12 de agosto de 1929 – 25 de marzo de 2006
Sherman, Texas

Nacido en Texas, aunque criado en Arizona, Alvis Edgar Owens es otro de los muchos casos de niños que dejaron la escuela a una edad precoz para trabajar. Mientras sobrevivía con diversos empleos aprendió a tocar la guitarra acústica y la steel guitar a imagen de sus admirados Bob Wills & The Texas Playboys. En la década de los cuarenta monta el grupo Skillet Lickers con el

que frecuenta los garitos country, aunque en 1951 se traslada a Bakersfield,
California. Tras tocar en Bill Woods &
The Orange Blossom Playboys y formar su propio grupo, The Playboys
Schoolhouse, consigue vender varias de
sus canciones a Capitol Records, entre
las que está el éxito de Tommy Collins
«You Better not do that». Así consigue
empezar a escribir para Wanda Jackson, Gene Vincent o Faron Young y

firmar contrato como solista con la misma compañía, aunque sus canciones
en su propia voz son un fracaso y se marcha a Washington para ejercer de
DJ. Viviendo en la capital del país graba «Second Fiddle» y se produce la
sorpresa. Convertida en número 24 de las listas, es el paso a su entrada en
el Top 10 con canciones como «Under Your Spell Again» o «Above and
Beyond». Con el éxito bajo el brazo, regresa a Bakersfield donde grabará su
primer larga duración de título homónimo y en el que se incluye «Foolin'
Around», en la que fusiona el country clásico con el rock and roll.

En 1963 crea la banda que le acompañará el resto de su carrera, The
Buckaroos, y que incluía como bajista a Merle Haggard. El primer single
que publicaron juntos, «Act Naturally», se convirtió en el primero de los
dieciocho números uno que Owens obtendría en su carrera en las listas de
country. Los sesenta fueron su década dorada y muy pronto se le empezó a
considerar creador del Bakersfield Sound, o lo que es lo mismo, la fusión
entre el country de los pioneros y el rock and roll de los cincuenta. En 1974,
tras la muerte de su amigo Don Rich, guitarrista de The Buckaroos, entra
en una grave depresión que le hace abandonar la música como intérprete
apareciendo solo en contadas ocasiones para algún single esporádico, deján-
dolo por completo en 1977. Su autodesaparición termina cuando en 1987
Dwight Yoakam lo convence para grabar juntos su gran éxito «Streets of
Bakersfield», original de 1972, e incluirlo en su tercer disco, *Buenas Noches
from a Lonely Room*. La canción será el primer número 1 del entonces joven cantante y uno más para la lista de Buck. En 1989 repite la jugada con
Ringo Starr y «Act Naturally», aprovechando que The Beatles la habían
incluido en su álbum *Help!* La cosa vuelve a funcionar y la canción obtiene
el Grammy a la mejor colaboración vocal, aunque Owens se lo toma con
calma. Llega la época de los premios. En 1996 es inducido al Country Music

Hall of Fame, en 2003 CMT lo incluye como el número 12 de los 40 nombres más importantes de la historia del country y en 2005 The Buckaroos se instalan en el número 2 de bandas en la misma cadena televisiva. Además, la marca Fender de guitarras pondrá en circulación un modelo con su nombre. En 2006 y tras superar un cáncer de garganta, fallece de un ataque al corazón antes de un concierto. Dwight Yoakam, uno de sus fans declarados, le tributará un último homenaje publicando en 2007 el álbum *Dwight Sings Buck*.

P

Gram Parsons

El padre cósmico del country rock

Ingram Cecil Connor III
5 de noviembre de 1946 - 19 de septiembre de 1973
Winter Haven, Florida

Nacido en el seno de una familia bien, Gram Parsons no es uno de esos cantantes cuya infancia problemática define su carrera. De padres adinerados, Parsons recibe de pequeño clases privadas de guitarra y piano y crece amando el country y a la figura de Elvis Presley, al que tiene ocasión de ver en directo en 1957. Tras el suicidio de su padre, su madre vuelve a casarse con Robert Ellis Parsons, de quien el chico adoptará su apellido para su carrera musical. En 1960 consigue formar parte de The Pacers, grupo en el que se dedica a tocar versiones de su amado Presley. Tras pasar también por The Legends forma The Shillos, acercándose más a un estilo folk.

Asentado en la Costa Este, Parsons conoce al guitarrista John Nuese, que le enseñará a apreciar el country. Empiezan a tocar juntos y tras unirse a Ian Dunlop y a Mickey Gauvin forman en Boston The International Submarine Band en 1966. Trasladados a Los Ángeles, en 1968 publican *Safe at Home*, su único disco publicado por el sello de Lee Hazlewood en el que incluyen versiones de Merle Haggard, Johnny Cash o Cowboy Jack Clement pero también un montón de originales de Parsons con especial atención a «Lu-

xury Liner». Ese mismo año, Chris
Hillman invita a Gram a entrar en
The Byrds ocupando los puestos
que habían dejado vacantes David
Crosby y Gene Clark. El único álbum que grabará con la banda será
el mítico *Sweetheart of the Rodeo*, el
álbum que probablemente inicia lo
que sería el country rock de manera
más clara, cargado de guitarras eléc-
tricas pero con un enorme respeto
por la tradición y unos fantásticos
juegos vocales en los que Parsons
era protagonista en un principio,
pero que tuvieron que ser regra-
bados por problemas legales. Tras
entablar amistad con The Rolling

Stones e introducir a Keith Richards en el country, regresa a Los Ángeles y
junto a Hillman, Chris Ethridge y Sneaky Pete Kleinow forman The Flying
Burrito Brothers. Sus dos discos *The Gilded Palace of Sin* (1969) y *Burrito Deluxe* (1970) son auténticas leyendas del género, combinando temas propios
como las enormes «Hot Burrito #1» o «Sin City» con versiones de Dan
Penn, Bob Dylan o los citados Stones («Wild Horses»).

Tras conocer al productor Terry Melcher, juntos planean lanzar a Gram
Parsons en solitario, aunque para entonces ya es un adicto a las drogas y
eso tira para atrás al productor. El disco titulado con las iniciales *GP* verá
la luz en 1973, pero previamente Gram ha iniciado una relación más que
profesional con una joven cantante de country desconocida por entonces
llamada Emmylou Harris. Ella formará parte del elenco que participa en *GP*
junto a James Burton o Ronnie Tutt. El disco es una nueva obra maestra a
la que se califica de *Cosmic American Music*, con canciones como «Streets of
Baltimore» o «A Song for You». Su segundo disco, *Grievous Angel*, aparecerá
en 1973 con canciones tan enormes como «Ooh Las Vegas», «Love Hurts»
o «I Can't Dance», pero Parsons ya no podrá verlo porque fallece de una
sobredosis de heroína, morfina y alcohol en el motel Joshua Tree Inn mientras estaba de vacaciones en The Joshua Tree. Para acrecentar su leyenda, su
amigo Phil Kaufman robó su cadáver y lo quemó en el desierto para cumplir
con los deseos de Parsons. Un tercer LP, *Sleepless Nights*, aparecería en 1976

con canciones descartadas de los anteriores. Por entonces, igual que hoy, Gram Parsons ya era un mito, y su legado considerado vital para la evolución del género.

Dolly Parton

La reina del country

Dolly Rebecca Parton
19 de enero de 1946
Sevierville, Tennessee

Esta hija de familia numerosa, cuarta de doce hermanos, se crio rodeada de música, ya que sus padres formaban parte de la Iglesia Pentecostal Asamblea de Dios y en sus liturgias se incluían cantos al estilo de las celebraciones góspel. Poco podía suponer entonces su familia que esta mujer sería la autora de éxitos como «Jolene», «Coat of Many Colors» o ese «I Will Always Love You», que se haría mundialmente reconocida en la voz de Whitney Houston como parte de la banda sonora de la película *el guardaespaldas*.

Parton, tras empezar cantando en programas de la emisora WIVK Radio como aficionada, consiguió cerrar un contrato con Goldband Records, con los que lanzó su primera canción al mercado, «Puppy Love», aunque el éxito aún se iba a hacer esperar un poco. Mucho tuvo que ver un Johnny Cash al que conoció en el Grand Ole Opry y que no solo la animó sino que la recomendó a muchos de sus conocidos. Trasladada a Nashville, Dolly se aleja de la interpretación y se dedica a componer para Hank Williams Jr. y Skeeter Davis, entre otros. Aunque en 1967 sucedió un hecho que cambiaría su vida para siempre: Porter Wagoner la llama para su programa de televisión y firma contrato con RCA. Como dúo, Parton y Wagoner parecen no tener límite. Su primer single, «The Last Thing on my Mind», ya se coloca entre los diez primeros puestos de las listas y cada uno de sus lanzamientos parece un éxito asegurado. Mientras iban publicando discos juntos, Dolly siguió grabando también en solitario. En 1973 consigue un gran éxito gracias a su decimotercer disco *Jolene* y a la canción que le da título, considerada por *Rolling Stone* la 217 entre las 500 mejores de la historia. Pero con el segundo single del disco todavía se supera. «I Will Always Love You» la catapulta al puesto número 1 de las listas no solo ese año sino que, al regrabarla en 1982 para la banda sonora de *The Best Little Whorehouse in Texas*, la historia volvió a repetirse. En los ochenta, Dolly Parton fue una de las pocas cantantes de country que conservaró su nivel habitual de ventas. Además abrió su propio parque temático, Dollywood, convirtiéndolo en la atracción turística número 1 del estado de Tennessee.

En lo musical, su estilo parecía cómodamente asentado en el country-pop y a sus discos en solitario unía lujosas colaboraciones, como el álbum *Trio* (1987), publicado junto a Emmylou Harris y Linda Ronstadt. Otro repunte de popularidad tendrá lugar en 1992, cuando Whitney Houston grabe su versión de «I Will Always Love You» para Hollywood. En ese momento ya nadie duda de que Dolly Parton, merece por derecho propio la consideración de reina del country. Combina discos más cercanos al pop con otros eminentemente country, en los que se hace acompañar por recién llegados al género como Billy Ray Cyrus o Tanya Tucker, aunque también graba con mitos como Loretta Lynn o Tammy Wynette. A finales de la década se inclina por el bluegrass y graba tres buenos discos del género para Sugar Hill Records, entre los que destaca *The Grass Is Blue* (1999). La siguiente década será también muy productiva para Parton. Grabará discos de country y rock, recibirá un homenaje por parte de sus compañeras en la música country y colaborará con un sinfín de artistas: Norah Jones, Kris Kristofferson, George Jones y un largo etcétera. Sigue abriendo parques de atracciones y potencia su actividad como empresaria, aunque dedica la mayor parte de sus beneficios a causas solidarias. En 2014 publica el que hasta ahora es su último disco, *Blue Smoke*.

Johnny Paycheck
El más violento de los outlaws

Donald Eugene Lytle
31 de mayo de 1938 – 19 de febrero de 2003
Greenfield, Ohio

En 1977 Johnny Paycheck consigue su primer número 1 tras trece años de carrera, con «Take This Job and Shove It». En 1985 vuelve a copar la prensa del país al ser detenido por disparar a un hombre en un bar. Fueron los dos hechos que marcaron la vida y la carrera de uno de los grandes honky tonkers de la historia.

Con seis años Paycheck ya estaba tocando la guitarra, con nueve participaba en concursos de talentos y con 15 se paseaba por los honky tonks de Ohio cantando sus canciones. Como tantos otros, pasó un tiempo en la Armada donde fue arrestado durante dos años por pegarle a un oficial, y a su salida del ejército se traslada a Nashville para intentar ser músico. Debuta con «I'd Rather Be Your Fool» (1964) pero no pasa absolutamente nada. En 1971 consigue un número 2 con «She's All I Got» original de Gary U.S. Bonds, hasta que en 1977 llega el citado número 1. Apenas unos meses antes graba uno de sus mejores discos, *11 Months and 29 Days*, puro sonido outlaw que unido a su actitud violenta lo convierte en una de las cabezas visibles del movimiento y motivo también del desmoronamiento de su carrera. En 1981 se pelea a bordo de un avión por lo que es condenado, y un año después es acusado de presunta violación. Su discográfica, EPIC, tiene bastante y le da la carta de libertad. Arrepentido y tras pasar por Mercury, en 1988 firma con Damasco Records y se convierte al cristianismo. Finalmente entra en la cárcel tras varios recursos en 1989, condenado por el tiroteo de 1985, y permanece allí dos años. Cuando sale no logra recuperarse y muere en el ostracismo en 2003 a causa de una diabetes. En 2004 algunos músicos graban un homenaje intentando hacer justicia a su legado titulado *Touch My Heart: a Tribute to Johnny Paycheck*, donde bajo la producción de Robbie Fulks aparecen Marshall Crenshaw, Hank III o Neko Case entre otros.

Poco

El legado de Buffalo Springfield

1969
Los Ángeles, California

Cuando Buffalo Spring-field desaparece en 1968, dos de sus miembros se unirán para formar otra banda imprescindible de la historia del country rock. Se trata de Richie Furay y Jim Messina, cuya unión con Rusty Young, Randy Meisner y George Grantham dará forma a Poco. Su primer disco, *Pickin' Up the Pieces* (1969), es desde su título un balazo a la línea de flotación de su ex grupo al que *Rolling Stone* concedió la máxima puntuación en su crítica. Su estilo, mucho más inclinado hacia el country, se emparenta claramente con bandas como los Eagles o la versión más campestre de Grateful Dead.

Tras *Poco* (1970) consiguen con *Deliverin'* (1971) colarse por primera vez en el Top 40 de ventas. Para *From the Inside* (1971) contratan a Steve Crooper como productor pero las cosas, lejos de ir mejor, empeoran, lo que hace que Richie Furay se plantee por primera vez dejar la banda. Lo hará a finales de 1973, después de publicar su sexto disco, *Crazy Eyes*, para formar el súper grupo Souther-Hillman-Furay Band. A partir de ahí las idas y venidas de miembros serán constantes en un grupo que llegará a contar con hasta 20 formaciones diferentes. Sus mejores trabajos como, *Rose of Cimarron* (1976) o *Blue and Gray* (1981), serán mejor recibidos por la crítica que por el público y en la actualidad pasan sus días más como banda de revival que otra cosa.

Elvis Presley

El rey del rock and roll

Elvis Aaron Presley
8 de enero de 1935 – 16 de agosto de 1977
Tupelo, Mississippi

Es evidente que Elvis no era un cantante de country en exclusiva, pero a lo largo de su carrera desarrolló todos los estilos, y el country fue uno de los que más le gustaban. Porque Elvis era básicamente un intérprete y como buenos buscadores de canciones sus asesores no dudaron en ofrecerle los mejores temas de artistas consagrados. Aunque sus gustos tampoco fueron ajenos a la música cowboy. No hay que olvidar que en la primera sesión de grabación que Elvis hizo para Sun Records, en 1954, optó por un tema blues como «That's All Right» de Arthur Crudup y una canción de country y bluegrass tradicional, en este caso el «Blue Moon of Kentucky» de Bill Monroe. Fue una constante. Durante su carrera, el rey del rock and roll grabó canciones de Eddy Arnold, Hank Williams, Hank Snow, Jerry Reed, Willie Nelson, Porter Wagoner, Eddie Rabitt o Kris Kristofferson, entre muchos otros. De hecho, en 1971, el decimoprimer disco en estudio de Presley lleva por título

Elvis Country (I'm 10,000 Years Old), con doce versiones de gente como Bill Monroe, Hank Cochran o Bob Wills. Grabado en Nashville con músicos como James Burton o Eddie Hinton en la banda, está considerado uno de los mejores discos de la carrera de Presley. En 2001 Sony reunió en un doble CD las mejores canciones de la vertiente country de Elvis. Bajo el título de *The Country Side of Elvis*, se reúnen hasta 51 temas, lo que demuestra hasta qué punto Elvis ha de ser considerado uno de los grandes intérpretes del género porque, como todo lo que cantaba, lo hacía de maravilla.

Charley Pride

El negro que cantaba como los blancos

Charley Frank Pride
18 de marzo de 1938
Sledge, Mississippi

El country siempre había sido considerado la música de los blancos por excelencia. Pero Charley Pride se encargó de borrar de un plumazo cualquier tipo de prejuicio racial. Un camino que inició el mítico DeFord Bailey y cuyo testigo fue tomado por Pride para acabar consiguiendo la friolera de 39 números 1 en su carrera. Llegó a la música tarde, cuando se  acercaba a los treinta años, después de haber pasado prácticamente veinte jugando en la Liga de Baseball para negros y no quiso sufrir ese tipo de exclusión nunca más. Por eso se preparó para vencer en un terreno hostil, en un estilo prácticamente virgen para los de su raza. Y lo consiguió. Fue Chet Atkins el que vio un diamante en bruto en la grabación de una maqueta de la canción «The Snakes Crawl at Night» y convenció a los capos de RCA que debían fichar a aquel tipo de piel oscura que cantaba como el mejor de los blancos. El éxito definitivo le llegó con la canción «Just Between You and

Me», publicada en 1966, que se convirtió en un gran éxito en las radios de todo el país ganando incluso un Grammy. Discos como *She's Too Good to Be True* (1972) o *A Shoulder to Cry On* (1973) se convirtieron en auténticos fenómenos comerciales ante la sorpresa de los que desconfiaban de las posibilidades de un afroamericano en el country. Cuatro de sus discos consiguieron ser certificados como álbum de platino y llegó a competir en ventas con el mismísimo Elvis Presley.

John Prine

Algo más que el enésimo nuevo Bob Dylan

10 de octubre de 1946
Maywood, Illinois

Decir que tienes a Bruce Springsteen, Bob Dylan o Tom Petty entre tus seguidores y que Johnny Cash o George Strait han cantado tus canciones no está al alcance de muchos. De John Prine sí. Nacido en una familia de amplia tradición musical, su destino parecía claro desde su infancia. En 1971 ya publica su primer disco, nada menos que para Atlantic Records gracias a la ayuda de su amigo Kris Kristofferson, y considerado por la revista *Rolling Stone* como uno de los 500 mejores de todos los tiempos. Su estilo es el country-folk rural y Prine se muestra desde sus inicios como un aventajado en el tema de la composición, sobre todo en lo que respecta a la crónica sociopolítica, como prueba «Sam Stone», una canción en el que une los temas de las drogas y la guerra de Vietnam. A pesar de ser alabado por toda la crítica que le colgó el eterno apodo de «nuevo Bob Dylan», no tuvo una excepcional repercusión en ventas, algo que será común a toda su carrera, a pesar de que seguirá entregando espléndidos trabajos como *Diamonds in*

the Rough (1972), *Sweet Revenge* (1973), *Bruised Orange* (1978) o el álbum de versiones *In Spite of Ourselves* (1999). En 1998 un cáncer de garganta le lleva a ser operado y eso cambia ligeramente su voz, cosa que no evita que en 2005 publique *Fair and Square*, su primer disco con material propio en ocho años.

Pure Prairie League

Impermeables a los cambios

1969
Waverly, Ohio

A pesar de sus cambios de formación y de largos períodos de inactividad, la banda formada por el cantante Craig Fuller, el guitarrista George Powell, el bajista Jim Lanham y el batería Tom McGrail en Ohio a finales de los sesenta se ha mantenido como uno de los grandes defensores del country rock con especial éxito en los setenta gracias a canciones como «Aimee» o « Let Me Love You Tonight». Sería eterno hablar de sus numerosas entradas y salidas de miembros, así que nos concentraremos en sus discos. En 1972 lanzan sus dos primeros álbumes, uno titulado como ellos mismos y el otro como *Bustin' Out*. Las críticas son buenas y coinciden en que el grupo consigue llevarse más hacia la tradición el sonido de The Flying Burrito Brothers, The Byrds o The Eagles. En 1975 recuperan «Aimee» de su segundo disco y lo lanzan como single, poco antes de editar su tercer álbum, *Two Lane Highway*, en el que colaboran Emmylou Harris y Chet Atkins. Ambas circunstancias se combinan y los lleva a lo más cerca que estuvieron nunca del éxito de masas. Repiten buenas ventas, aunque no espectaculares, con *If the Shoe Fits* (1976) y su buena versión del «That'll Be the Day» de Buddy Holly, pero con *Dan-*

ce (1976) vuelven los resultados comerciales decepcionantes. Siguen los cambios de miembros, y entre 1988 y 1998 permanecen separados, algo que repetirán entre 2002 y 2004. En la actualidad siguen girando defendiendo la contemporaneidad del country rock.

R

Chuck Ragan

Granjero con imperdibles

Charles Allen Ragan
30 de octubre de 1974
Gainesville, Florida

Tras empezar en la música tocando en garitos de su ciudad natal, Chuck Ragan forma dos bandas de punk de forma simultánea: Hot Water Music y Rumbleseat. Con los primeros grabará hasta nueve discos a los que se ha de sumar uno más con los segundos. En 2006 decide abandonar los sonidos más viscerales e inicia una carrera discográfica basada en el country rock, con canciones sobre la vida en la carretera y el desamor cantadas por una voz castigada y rota que a muchos les recuerda al mejor Bruce Springsteen. Lo primero que hace es crear el Revival Tour, en el que junto a varios amigos que tienen en común el amor por el punk y el bluegrass tocan las canciones que les gustan. Ben Nichols de Lucero, Jesse Malin de D-Generation, Brian Fallon de The Gaslight Anthem o Austin Lucas serán algunos de los participantes futuros del evento. Después de publicar el directo *Los Feliz*, en 2007 graba su primer disco en solitario, *Feast or Famine*, al que seguirá en 2009 *Gold Country*.

Los discos son muy bien recibidos por los amantes del country alternativo y sus siguientes entregas se esperan con emoción. En 2011 publica *Covering Ground*, en el que colaboran sus amigos Brian Fallon y Frank Turner, y en 2014 hace lo propio con el sensacional *Till Midnight*, en el que cuenta con Ben Nichols, entre otros, y que incluye la fantástica «Something May Catch Fire». El destacable *The Flame in the Flood* (2016) lo confirma como un artista en permanente crecimiento.

Reckless Kelly

Más clase que ventas

1997
Stanley, Idaho

Ned Kelly fue uno de los forajidos más conocidos de Australia y también el motivo por el que los hermanos Braun, Willy y Cody, decidieron llamarse Reckless Kelly (Temerario Kelly) cuando montaron su propia banda de country rock influida, sobre todo, por la música de Steve Earle. Tras trasladarse a Austin, empiezan a tocar en la mítica calle 6 y luego se convierten en el grupo residente del Lucy's Retired Surfers Bar durante dos años, al final de los cuales publican su primer disco, *Millican* (1998), con la independiente Cold Spring. Su periplo habitual por las salas de la ciudad los convierte en un grupo respetado y, aunque les cuesta sacarse de encima la etiqueta de banda influida por Earle, empiezan a tener un grupo importante de seguidores. Tras publicar un directo en acústico, cierran su etapa en discográficas pequeñas con *The Day* (2000), al que seguirá ya en Sugar Hill Records *Under the Table and Above the Sun* (2003), trabajo con el que entran por primera vez en las listas de country. Su siguiente trabajo *Wic-*

ked *Twisted Road* (2005), suena sin parar en las emisoras de Texas gracias a la canción «Baby's Got a Whole Lot More» y eso les lleva a dar un pasito más en su carrera al firmar por Yep Roc Records, con la que editarán *Bulletproof* (2008) y *Somewhere in Time* (2010), un disco de versiones del desconocido Pinto Bennett que contiene la espléndida «The Ballad of Elano Deleon» y con el que llegan a su puesto más alto en las listas hasta entonces, el 22. *Good Luck & True Love* (2011) y *Long Night Moon* (2013) los confirman como un grupo fiable del que siempre cabe esperar lo mejor.

Jim Reeves
El caballero Jim

James Travis Reeves
20 de agosto de 1923 – 31 de julio de 1964
Galloway, Texas

El 31 de julio de 1964 Jim Reeves y su mánager Dean Manuel cogen un avión en dirección a Nashville que pilota el propio músico. Por culpa de una tormenta eléctrica, Jim sufrió desorientación espacial pensando que estaba ascendiendo cuando en realidad hacía lo contrario. Eso le llevó a un fatal accidente que acabó con su vida.

Con nueve hermanos y un padre que falleció cuando él tenía nueve meses, Reeves fue criado por su madre. Para entretener al muchacho, a los cinco años le regalaron una vieja guitarra que se convirtió en el centro de su mundo. Y más cuando gracias a su hermano escuchó la música de un tal Jimmie Rodgers. Entonces decidió que quería ser como él, aunque su carrera musical estuvo a punto de irse al traste gracias a sus habilidades deportivas, en concreto para el baseball. En 1949 logra grabar una serie de singles para el sello Macy pero la cosa no pasa de anecdótica, por lo que empieza a trabajar como DJ llegando a presentar en la KWKH-AM, donde se emitía el prestigioso Lousiana Hayride. Su golpe de suerte llega cuando Hank Williams no pudo llegar a un programa y le piden que lo sustituya. Su actuación es un éxito y Abbott Records no tarda en ficharlo, debutando con el single «Mexican Joe» que en la primavera de 1953 se convierte en su primer número 1 y al que seguirá «Bimbo» con el mismo resultado. Así se convierte en artista residente del Hayride mientras el año siguiente vuelve a grabar cuatro canciones de éxito que lo llevan a RCA y a convertirse en artista fijo del Grand Ole Opry. Con un estilo vocal que emulaba a crooners como Frank Sinatra o Bing Crosby, Reeves continuó acumulando éxitos en los cincuenta como «Four Walls» (1957) que, producida por Chet Atkins, se mantuvo en lo más alto de las listas hasta ocho semanas y demostró que el género baladístico era su punto fuerte.

Tras girar por Europa y Sudáfrica, y cuando Reeves está en su mejor momento, se produce su muerte, lo que no evita que en la siguiente década acumule cuatro números uno más con «This Is It» (1965), «Is It Really Over?» (1965), «Distant Drums» (1966) y «I Won't Come in While He's There» (1967). En 1967 fue inducido al Country Music Hall of Fame, y en 1969 la Music Country Academy instauró un premio en su honor.

Reverend Horton Heat

Sermones de psychobilly

1985
Dallas, Texas

Hablar de Reverend Horton Heat es hablar de su líder, James Heath, nacido en 1959 en la localidad tejana de Corpus Christi. En 1985, y tras intentar formar diversas bandas en las que combinar su pasión por el country con su debilidad por el sonido de la banda de rockabilly primitivo The Cramps, forma Reverend Horton Heat, nombre que surge de su afecto por el góspel y de su forma de actuar, impertérrito, como si estuviera dando un sermón. Curiosamente su debut se producirá a través de una compañía eminentemente rockera como Sub Pop, cuna del grunge, cuando en 1990 publica

Smoke 'Em If You Got 'Em, el primero de sus hasta ahora once discos. En su éxito colaborará en buena medida la inclusión de una de las canciones del disco, «Psychobilly Freakout», en la irreverente serie de animación *Beavis and Butt-Head*. Con los años el reverendo se ha consolidado como uno de los grandes exponentes de un género que ellos mismos definen como «punkabilly alimentado de country».

Charlie Rich

El zorro plateado

Charles Allan Rich
14 de diciembre de 1932 – 25 de julio de 1995
Colt, Arkansas

Descubierto por Sam Phillips como cantante de rockabilly y conocido como el zorro plateado debido al color de su pelo, Charlie Rich dedicó la década de los sesenta a convertirse en una estrella del country. Su carrera está avalada por dos premios Grammy y cinco de la Country Music Association entre otros, por no hablar de su decena de números 1. Su primera canción importante en las listas la publica en 1960 con «Lonely Weekends», todavía para Sun Records, aunque tendrá que asentarse y dejar pasar más de una década para conocer el puesto más alto de las listas. La primera ocasión le llegará con «Behind Closed Doors» (1973) y tras ella enlazará cuatro números 1 consecutivos más, convirtiéndose en una auténtica estrella internacional con un sonido muy cercano al countrypolitan. Su último número 1 le llegará en 1978 con «On my Knees», grabada junto a Janie Fricke. A partir de ese momento entra en un estado de semi retiro. En 1995 acabó falleciendo de una embolia pulmonar en un hotel de Lousiana.

Richmond Fontaine

Sutileza y clase

1994
Portland, Oregón

Formados a mitad de los noventa, en 1997 Richmond Fontaine ponen en circulación su primer trabajo, *Safety*. Su receta es sencilla: preciosismo country-folk y espléndidas letras. Y eso que al principio, su líder Willy Vlautin, nacido en Reno (Nevada), quiso parecerse a los grupos de country-punk de Los Ángeles y envió a través de su hermano sus cintas a bandas como The Blasters o The Replacements. Su debut es una muestra  de ese interés con canciones todavía aceleradas y lejos de lo que la banda acabaría siendo, a pesar de que podemos calificarlo como un buen disco de country rock. La cosa no cambia con *Miles From*, publicado el mismo año, ni con *Lost Son* (1999). Comparados con Uncle Tupelo o yendo más lejos con Green on Red, el grupo necesita encontrar todavía su personalidad. Lo harán con *Winnemucca* (2002), donde su música se ha suavizado y ha empezado a dar importancia a instrumentos como la pedal-steel-guitar. La evolución de sonido se confirma con uno de sus mejores discos, *Post to Wire*, publicado en 2004 y en el que Vlautin se muestra definitivamente como un letrista enorme. A partir de ahí su música no deja de adquirir matices mientras Willy cultiva una excelente carrera paralela como novelista. En 2016 publican su decimoprimer disco en estudio, *You Can't Go Back If There's Nothing to Go Back To*, y las críticas vuelven a ser espléndidas.

Josh Ritter

Aire fresco

21 de octubre de 1976
Moscow, Idaho

La carrera de Josh Ritter es de esas que se inicia con una bonita historia. Tras escuchar la versión que Bob Dylan y Johnny Cash hacen en el disco del primero *Nashville Skyline* (1969), el joven Ritter decide convertirse en músico y empieza a componer con un laúd, aunque rápidamente lo abandona por la guitarra. Estudia en la Universidad «Historia Americana a través

de la narrativa popular» y confirma que eso es lo suyo. Gracias a la ayuda del músico irlandés Glen Hansard, al que conoce en una breve estancia en Europa, consigue grabar su homónimo debut aunque su obra de despegue sería su segundo disco, *Golden Age of Radio* (2002). La cosa funciona y se hincha a vender discos con el beneplácito de los principales críticos que ven en él algo de aire fresco para el hastiado género llamado Americana o country alternativo. Sus siguientes discos siguen la línea. Cede canciones para series de televisión como *Six Feet Under* y gira con The Frames en Irlanda, país en el que por cierto incluso aparece una banda tributo a su música. Con *Hello Starling* (2003) volverá a conseguirlo. Ya es un fenómeno y nadie puede pararle aunque sabe que por su estilo musical, muy influenciado por la música de artistas más oscuros como Leonard Cohen o Gillian Welch, nunca llegará a llenar grandes estadios. Discos en vivo, bandas sonoras o la publicación de su primera novela serán los siguientes pasos de un artista de culto respetado por todo el mundo que parece jugar con cartas ganadoras. Algo tendrá que ver su enorme calidad.

Jimmie Rodgers

El padre del country moderno

James Charles Rodgers
8 de septiembre de 1897 – 26 de mayo de 1933
Meridian, Mississippi

«No hay nada mejor que leer sobre él o escuchar sus discos» decía Bob Dylan en una de las emisiones de su programa de radio *Theme Time Radio Hour* al presentar a uno de sus grandes ídolos, Jimmie Rodgers. Nacido en Alemania, pasó su infancia en Mississippi, la que consideraba su tierra, ayudando a su padre en su trabajo en el ferrocarril y tuvo que sufrir bien joven la muerte de su madre por tuberculosis. Una infancia sin privilegios y cargada de problemas económicos hizo que luego reflejara en sus canciones la imagen del chico huérfano que en realidad nunca fue, al menos en lo que respecta a su padre. Como tantos otros, empezó cantando en la iglesia y a los 13 años ya había ganado un concurso de jóvenes talentos, lo que le animó a fugarse de casa para intentar ser músico. Pero su padre lo encontró y le hizo

volver al hogar, encontrándole trabajo
también en el ferrocarril donde pasaría
sus siguientes doce años de vida.

En 1924 Jimmie contrae tuberculosis, la enfermedad que se había llevado
a su madre, y el tiempo que pasa en casa
lo emplea en tocar la guitarra. Sorprendentemente recuperado, en 1927 se une
a The Tenneva Ramblers, con los que
consigue un trabajo de amenizadores
musicales en el Blue Ridge Mountains

Resort. Tras tener problemas económicos con el grupo, Rodgers se presenta
solo con su guitarra para grabar un par de canciones tras una audición con la
Victor Talking Machine Company, una buscadora de talentos. «Sleep, Baby,
Sleep», una de ellas, se convierte en un éxito a nivel estatal. Curiosamente
The Carter Family se encontraban trabajando con el mismo personal, por
lo que es habitual considerar este momento como el nacimiento del country
moderno. En 1928 grabará uno de sus grandes éxitos, «Blue Yodel (T is for
Texas)», un híbrido country-folk que definitivamente lo confirma como una
estrella en todo el país. Los siguientes años son época de éxitos «Waiting
for a Train», «Daddy and Home», «In the Jailhouse Now»… No parece
tener techo y en 1930 llega incluso a grabar con la leyenda del jazz Louis
Armstrong y a aparecer en alguna película.

Pero hacia 1933 la cosa empieza a cambiar. Sus niveles de ventas y la audiencia de sus conciertos se estancan y, sobre todo, su tuberculosis reaparece
y se agrava. En mayo de ese año se traslada a Nueva York para cumplir su
contrato y graba sus dos últimos éxitos, «Mississippi Delta Blues» y «Years
Ago», pero el 24 de mayo, terriblemente desmejorado, se desmorona en
plena calle falleciendo dos días después cuando solo contaba con 35 años.

Su legado es incalculable, casi tanto como la cantidad de premios que
recibió a título póstumo y que incluyen los más importantes galardones del
country y del blues. A pesar de grabar solo 112 canciones, definió la evolución del country y el rock and roll y, como Bob Dylan, de nuevo, declaraba,
«es uno de los faros que guía el siglo XX cuya forma de entender la canción
siempre ha sido una inspiración para aquellos de nosotros que hemos seguido en la carretera. Era un intérprete con una fuerza sin precedentes y un
sonido solitario tan místico como dinámico. Daba esperanza a los vencidos
y humildad a los poderosos».

Kenny Rogers

El jugador

Kenneth Ray Rogers
21 de agosto de 1938
Houston, Texas

Hijo de familia numerosa, Kenny Rogers se inicia en la música tocando rockabilly como miembro de The Scholars, banda que abandonaría para pasar a tocar jazz con Bobby Doyle Three. En 1966, formando parte de First Edition, firma contrato con Reprise y se dedica a grabar pop psicodélico, obteniendo un considerable éxito con el tema «Just Dropped In (To See What Condition My Condition Was In)». En 1974 y tras haber tenido incluso un programa televisivo propio, el grupo se separa y Kenny firma como solista por United Artist. Su primer disco será *Loved Lifted Me* (1975), que incluye «Lucille», su primer gran hit que llega hasta el número 1. A partir de ahí fue capaz de llevar cinco canciones al mismo puesto en las listas de manera consecutiva gracias a su country para todos los públicos: «Love or Something Like It», «The Gambler», probablemente el mejor tema de su carrera, «She Believes in Me», «You Decorated My Life» y «Coward of the County». También desarrolló una importante carrera formando dúo con Dottie West primero y después con Dolly Parton. Tampoco es nada desdeñable su aventura cinematográfica llegando a participar como actor hasta en catorce películas.

Daniel Romano

Invitándote a llorar juntos

Daniel Tavis Romano
25 de abril de 1985
Welland, Ontario (Canadá)

Este músico canadiense es uno de los máximos exponentes del country rock actual. Heredero del sonido de Gram Parsons y del Nashville Countrypolitan, este hijo de músicos aprendió rápidamente a tocar guitarras, piano, batería y steel guitar. Iniciado como tantos otros en el punk rock, forma junto a su hermano Ian la banda Attack in Black, intentando ser los nuevos Minor Threat. La cosa funciona y llegan a obtener un premio como mejor banda Indie novel por su segundo disco, pero en 2009 se separan producto de problemas contractuales. Daniel canaliza su frustración escribiendo baladas country y el mismo año publica *Daniel, Fred & Julie* junto a Julie Doiron y Frederick Squire. En 2010 edita su debut en solitario, *Workin' for the Music Man*, al que seguirá un año después *Sleep Beneath the Willow*. El éxito le llegará, eso sí, con su tercer disco, el enorme *Come Cry with Me* (2013), publicado por una subsidiaria de New West Records, compañía que de forma titular ya le editará en 2015 el no menos destacable *If I've Only One Time Askin'*. 2016 lo corona con su disco *Mosey*, considerado por la revista *Mojo* como uno de los mejores del año.

Linda Ronstadt

La reina del rock

Linda Maria Ronstadt
15 de julio de 1946
Tucson, Arizona

Aunque Linda Ronstadt ha cultivado muchos estilos a lo largo de su carrera, ha sido en el mundo del rock (fue apodada la Reina del Rock en los setenta) y el country donde ha obtenido sus mejores resultados. Con antecedentes hispanos (su bisabuelo era un alemán casado con una mexico-americana) empezó su carrera al frente de la banda The Stone Ponys. En los sesenta decidida a darse a conocer en solitario, debuta con *Hand Sown ... Home Grown* (1969), con versiones de Bob Dylan o Fred Neil, pero apenas tiene repercusión a pesar de sus aromas a lo que hacían The Flying Burrito Brothers. Un año después publica *Silk Purse*, en el que repite estrategia con canciones de Gene Clark o Mickey Newbury, mientras en directo se hace acompañar por lo que serán los Eagles, que le harán de banda en su tercer disco, de nombre homónimo y publicado en 1972. Su cuarto trabajo, *Don't Cry Now* (1973), obtiene mejores resultados y alcanza el disco de oro mientras que a la quinta va la vencida y *Heart Likes a Wheel* (1974) se convierte en doble platino y alcanza el número 1, el primero de los tres que obtendría en cuanto a álbumes en la década. Canciones como su versión del «That'll be the Day» de Buddy Holly o el «Crazy» de Willie Nelson se convierten en éxitos estatales. Lo más difícil está hecho y muchos hablan de ella como «la mujer mejor pagada del rock» gracias a sus cuantiosos beneficios.

A principios de los ochenta Ronstadt se inclina más por el pop y la new-wave, aunque regresa a sus raíces para grabar un álbum de música tradicional mexicana con *Canciones de mi Padre* (1987), con el que gana un premio Grammy. Pero su gran éxito en la década será *Cry Like a Rainstorm, Howl Like the Wind* (1989), que graba junto a Aaron Neville y en el que no hay ni rastro de country. Al iniciar la siguiente década repite la jugada de las canciones tradicionales mexicanas con *Más Canciones* (1991), pero el resultado no funciona igual. Cuando parecía que la música de raíces era terreno olvidado para ella, en 1995 se saca de la manga *Feels Like Home*, un disco de puro country rock en el que la acompañan Emmylou Harris, Booker T. Jones, David

Lindley o Alison Krauss entre otros, y en el que interpreta temas de Tom Petty, Neil Young o A.P. Carter. Tras un disco para niños, en 1998 regresa al rock con *We Ran* y esta vez son Bruce Springsteen, Bob Dylan o John Hiatt los versionados. Lo mejor de la década está por llegar y en 1999, tras haber grabado en años anteriores dos álbumes junto a Dolly Parton y Emmylou Harris, repite con esta última en *Western Wall: The Tucson Sessions* (1999) esta vez sí un álbum de genuino country. Su siguiente y última aproximación a la roots music será en 2006 un disco cercano al cajun titulado *Adieu False Heart*. Y es que en 2011 anuncia su retirada y dos años después comunica que está enferma de Parkinson.

Darius Rucker

El heredero de Charley Pride

Darius Carlos Rucker
13 de mayo de 1966
Charleston, Carolina del Sur

Si hay alguien que puede considerarse que ha tomado el relevo de Charley Pride como emblema de los artistas afroamericanos cantando country comercial ese es Darius Rucker. El que fuera cantante de Hootie & The Blowfish, banda de rock con algún ramalazo country que se convirtió en una de las grandes sensaciones de la música norteamericana a finales de los ochenta y principios de los noventa, llegando a ser reconocidos con 16 discos de platino, inicia su carrera en solitario en 2001 con *The Return of Mongo Slade*, publicado por Hidden Beach Recordings y en el que se inclina por el rock comercial y el R & B. Pero en 2008 decide dar un cambio radical a su carrera, ficha por Nashville Capitol Records y publica un disco de genuino country, *Learn to Live*, que incluye su primer gran éxito, «Don't Think I Don't Think About It», número 51 de las listas de Billboard. El cambio es bien recibido y le permite actuar en el prestigioso Grand Ole Opry. Con el tercer single del disco, «Alright», consigue convertirse en el primer artista negro que se sitúa en el número uno de las listas de country desde que Charley Pride lo hiciera por última vez en 1983. El camino está trazado y Rucker ya no se desviará de él. En 2013 obtiene un gran éxito con su cuarto álbum, *True Believers*, que se acerca a las 600.000 copias vendidas, en parte gracias a la inclusión de «Wagon Wheel», una canción inacabada de Bob Dylan que Ketch Secor de Old Crow Medicine Show se encargó de acabar y que Rucker convierte en un nuevo número 1. Su disco de 2015, *Southern Style*, sexto de su carrera y quinto si nos centramos en el country, vendió casi 200.000 copias en apenas un mes.

Tom Russell

El orgullo de la frontera

Thomas George Russell
5 de marzo de 1947
Los Ángeles, California

Licenciado en criminología por la Universidad de California, Tom Russell inicia su carrera tras vivir en Nigeria, España, Noruega y Puerto Rico, tocando en bares de striptease de Vancouver. Trasladado a Texas, forma un dúo con Patricia Hardin que dará como futo un par de discos y muchas actuaciones. Tras separarse se larga a Nueva York y empieza a trabajar de taxista, gracias a lo cual conoce al guitarrista Andrew Hardin (nada que ver con Patricia), con el que entabla relación profesional y a Robert Hunter, letrista de Grateful Dead. Gracias a eso, el dúo Russell & Hardin se convierten en teloneros de la banda.

Entre 1984 y 1994 se forma la Tom Russell Band, un grupo inclinado hacia el entonces llamado Nuevo Rock Americano, pero que no olvidaba sus conexiones con el folk y el country, reflejadas especialmente en la forma de escribir las letras de Tom. En 1991, eso sí, el músico publica su segundo disco en solitario, ya que en 1984 había publicado el folkie *Heart on a Sleeve* de manera totalmente independiente, pero que ya incluía lo que se convertirá en su marca de agua: los guiños a la frontera con la canción «Gallo del Cielo». A ese segundo trabajo, *Cowboy Real*, le seguirá en 1993 *Box of Visions*, en el que participa Rosie Flores. En 1995 saca su disco más fronterizo hasta la fecha, *The Rose of San Joaquin*, con la colaboración de Chris Gafney y Dave Alvin, aunque su trabajo más importante en los noventa será la ópera folk *The Man from God Knows Where* (1999). Con *Borderland* (2003) se convierte definitivamente en el «orgullo de la frontera», mostrándose como uno de los músicos que mejor sabe combinar el country y las tradiciones mexicanas. Con *Hotwalker* (2005) se saca de la manga un álbum conceptual, otra de sus pasiones, sobre textos de Charles Bukowski, y en 2006 publica uno de los mejores discos de género de la década con *Love & Fear*, producido por Gurf Morlix. Su pasión por lo fronterizo le lleva a unirse a Calexico en 2009 para grabar juntos el inmenso *Blood and Candle Smoke*, al que seguirán tres discos sin desperdicio. *Mesabi* (2011) es una clase práctica de country rock, *Aztec-Jazz* (2013) es un disco en directo en el que acoge al jazz en su paleta de estilos y *The Rose of Roscrae* (2015) es el tercero de sus álbumes conceptuales y en el que le acompañan Joe Ely, Jimmie Dale Gilmore o Augie Meyers, entre otros. Una obra de teatro musicada que demuestra todo el abanico de posibilidades de un músico fantástico.

The Sadies

Algo más que country rock canadiense

1994
Toronto, Ontario

En medio del huracán de grupos que aparecían en Estados Unidos a mediados de los noventa intentando subirse al carro del Americana, surge en el país vecino, Canadá, una excelente banda que es capaz de tocar todos los palos. Se hacen llamar The Sadies y van a convertirse en uno de los grandes grupos de la historia de la música de raíces canadiense.

Los hermanos Dallas y Travis Good, base del combo, tocaban en el grupo de country-pop The Good Brothers antes de dar forma a The Sadies, en 1994. Cuatro años después estaban grabando su disco de debut, *Precious Moments*, con Steve Albini (Nirvana, Pixies…) a los controles y Neko Case colaborando. Con él se producirá la constante que durará toda su carrera: poca presencia en listas de éxitos, excelentes críticas y conciertos que dejan a todo el mundo satisfecho. En 1999 graban dos discos, *Pure Diamond Gold*, incluso superior a su predecesor, y *Red Dirt*, en el que sirven de banda de apoyo a Andre Williams en su mezcla de garage, country y rhythm and blues. Los discos son tan buenos que acaban de consolidar definitivamente a la banda. De hecho repetirán la experiencia como banda de apoyo en *Mayors of the Moon* (2003) con Jon Langford, *The Tigers Have Spoken* (2004) con Neko Case, *Country Club* (2009) con John Doe, *Night and Day* (2012) con Andre Williams de nuevo y *And the Conquering Sun* (2014) con Gordon Downie. Por su parte, grabarán magníficos trabajos en solitario como *Stories Often Told* (2002) o *New Seasons* (2007).

Doug Sahm

El alma de Texas

Douglas Wayne Sahm
6 de noviembre de 1941 – 18 de noviembre de 1999
San Antonio, Texas

Este niño prodigio de la música country es probablemente la figura más importante que nunca dio el tex-mex. Virtuoso de la steel-guitar, el violín y la mandolina, a los cinco años ya había aparecido en la radio nacional cantando, y con once publicaba su primer disco. El 19 de diciembre de 1952, con esa edad también, se sube al escenario del Skyline Club de Austin para acompañar a Hank Williams, en el que sería el último concierto de este, ya

que fallecería apenas un par de semanas después. Si su carrera no fue más
meteórica fue porque su madre estaba empeñada en que Doug acabara
los estudios aunque estaba claro cuál
iba a ser su destino. En 1957 forma
su primera banda, The Knights, la
primera de las muchas con las que in-
tentaría convertirse en un nuevo ídolo teenager. Aunque no conseguirá el
éxito hasta que forme el Sir Douglas
Quintet, en 1965, junto a su amigo de la infancia Augie Meyers. Con un
nombre que intenta aprovecharse del éxito de la invasión británica, su gran
momento llega con «She's About a Mover», canción con la que llegan hasta
el Top 20. Si bien la banda, por problemas con la ley relacionados con las
drogas, se separa y Sahm la reforma en San Francisco. Allí, en 1969, grabará
su primer gran disco, *Mendocino*, en el que incluye éxitos como «She's About
a Mover», de nuevo, «Texas Me» o el tema que le da título. A partir de ahí
Sahm empieza a combinar discos firmados como Sir Douglas Quintet como
1+1+1=4 (1970) o *The Return of Doug Saldaña* (1971) con álbumes con su
nombre como *Texas Tornado* (1973) o *Groover's Paradise* (1974). Todos ellos
son espléndidas obras de rock fronterizo en las que se combinan a la perfección la tradición country tejana, el soul, el blues y los sonidos mexicanos.
Mención especial merece *Doug Sahm & Band* (1973), un espléndido disco
con el que Atlantic pretendía convertir a Sahm en un ídolo de masas, para
lo que le arropa con gente como Bob Dylan, que había manifestado su ad-
miración previa por el tejano, Dr. John, Flaco Jiménez o David Bromberg,
y que, a pesar de su excelencia, no cumplió con las expectativas comerciales
puestas en él.

En los ochenta, Doug pasa los años intentando revitalizar su carrera con
conciertos junto a Augie Meyers, publicando discos menores y, sobre todo,
dando salida a un montón de grabaciones en directo de su etapa anterior.
Cuando parece abocado al olvido, con algún pequeño repunte en Europa, en
1990 funda los Texas Tornados, una súper banda en la que además de Meyers
le acompañan Flaco Jiménez y Freddy Fender, otro gran ídolo tejano. Juntos
grabarían cuatro soberbios discos a lo largo de la década, actuarían en el
prestigioso Austin City Limits y obtendrían un Grammy. Canciones como
«(Hey Baby) Que Paso» o «Adios Mexico» se convierten en auténticos him-

nos de la tejano-music, variedad fronteriza del country – rock, pero cuando todo parece ir bien de nuevo, Doug Sahm fallece de un ataque al corazón en un hotel de Nuevo México, dejando para siempre huérfana a la música del estado de la estrella solitaria.

Billy Joe Shaver

Compositor de compositores

16 de agosto de 1939
Corsicana, Texas

La conversión de Billy Joe Shaver en músico es una de esas historias marcadas por las circunstancias. Abandonado por su padre antes de nacer, Billie Joe pasó su infancia con su abuela mientras su madre trabajaba en un club nocturno de Waco. Su vida iba a cambiar la primera vez que su abuela, enferma, no pudo hacerse cargo de él y su madre se vio obligada a llevárselo al trabajo. El chico se deslumbró con lo que vio. Una serie de tipos con mala pinta se subían a un sucio escenario y empezaban a cantar historias sobre el desamor o la desesperanza. Tuvo claro que quería ser uno de ellos. Tras diversos vaivenes que incluyen alistarse a la Marina o intentar ser cowboy de rodeo, Billy Joe, ya con un hijo, decide dedicar definitivamente su vida a la música, mientras combina sus intentos con otros trabajos que le permitan sobrevivir. Todo parece irse al garete cuando trabajando en un molino pierde dos dedos de una mano, pero lejos de amedrentarse se dedica a practicar y aprende a tocar la guitarra con esa minusvalía. Shaver lo intenta en Los Ángeles pero no es hasta su llegada a Nashville que sus sueños empiezan a hacerse realidad. Primero encuentra trabajo como compositor de canciones y sus ganancias le permitirán publicar *Old Five and Dimers Like me* en 1973. Aunque lo que definitivamente le cambiará la vida es su encuentro con Waylon Jennings. El tejano conoce a Shaver cuando le ofrecen algunas de sus canciones para formar parte de sus discos y rápidamente quedará prendado de su capacidad para contar historias combinando la tradición del country con los sonidos de un género como el rock, cada vez más en boca de todos. Shaver firma en solitario siete (y acompañado dos) de las nueve canciones que integran *Honky Tonk Heroes* (1973), considerado por buena parte de la crítica como el mejor disco que nunca grabó Jennings y la semilla del outlaw. Lo más difícil estaba hecho. Su fama como compositor le lleva a que gente como Elvis Presley («You Asked me to»), Johnny Cash («You Can't Beat Jesus Christ»), Bobby Bare («A Restless Wind») o Kris Kristofferson («Good Christian Soldier») graben sus canciones y él aprovechará esos ingresos para irse construyendo una firme y destacable carrera en solitario que tiene sus momentos de máximo esplendor con los fantásticos *I'm Just an Old Chunk of Coal* (1981) y el directo *Unshaven: Live at Smith's Olde Bar* (1995). En 2005 recibirá un merecidísimo homenaje en el que participan gente como Guy Clark, Robert Earl Keen Jr., Todd Snider, Jimmie Dale Gilmore, Dale Watson o Joe Ely.

Sturgill Simpson

Sonidos metamodernos

8 de junio de 1978
Jackson, Kentucky

Este músico cuyo primer paso conocido en la música de raíces fue formar parte de la banda de bluegrass Sunday Valley, con los que incluso llegó a grabar un disco, pasa por ser una de las grandes esperanzas de la música country. En 2012 se traslada a Nashville y un año después debuta con *High Top Mountain*, un álbum en el que le acompaña Robby Turner, antiguo guitarrista de Waylon Jennings, uno de sus ídolos y con el que es rápidamente comparado. En 2014 y producido por Dave Cobb, que ya había hecho lo propio con su debut, publica el álbum que le dará el definitivo espaldarazo, *Metamodern Sounds in Country Music*, según sus propias palabras «una relación

profunda y poco convencional entre
el tradicionalismo y nuevas formas
de pensar». Su nombre se convierte
merecidamente en sinónimo de country de mucha calidad y eso le lleva
a debutar en el prestigioso Grand
Ole Opry o a abrir conciertos para
Willie Nelson y Dwight Yoakam. En
2016 publica *A Sailor's Guide to Ear-*

th, en el que incluye una versión country del tema «In Bloom» de Nirvana
y en el que se deja influenciar por la música soul, incluyendo vientos, para
convertir el disco en uno de los mejores del año.

Todd Snider

El gran secreto del country alternativo

Todd Daniel Snider
11 de octubre de 1966
Portland, Oregón

Probablemente el de Todd Snider sea el mayor talento desconocido que
ha dado el country alternativo desde los noventa. Inicia su carrera en Santa
Rosa, California, como armonicista de bandas del tres al cuarto hasta que
ve en un local tocar a Jerry Jeff Walker en solitario y se da cuenta de que
ahí está su futuro. Gracias a la amis-

tad con Keith Syke, amigo personal
de John Prine, consigue que este le
proponga abrir sus shows, sorpren-
diendo a la audiencia por su capacidad para la composición, siempre
cargada de ironía, y para emocionar
acompañándose solo de su guitarra.
Justamente es el carácter satírico de
muchas de sus letras el que provoca

que destaque por encima de otros gracias a la canción «Talkin' Seattle Grunge Rock Blues», una evidente parodia de uno de los grandes movimientos de la década. Un tema que, por cierto, se añadió a posteriori a su primer disco, *Songs of the Daily Planet* (1994). Tras un debut que cumplía con los parámetros del llamado Americana, se inclina más hacia el bluegrass y el folk-rock en *Step Right Up* (1996), para regresar al rock americano con *Viva Satellite* (1998). Catorce discos lleva a sus espaldas cuando en 2013 salda una deuda con su inconsciente mentor al editar *Time as We Know It: The Songs of Jerry Jeff Walker*, una maravilla de disco. Ese mismo año se embarca en Hard Working Americans, una súper banda de country alternativo en la que le acompañan miembros de Widesperad Panic o el mismísimo Neal Casal, y en 2016 publica su segundo disco, *Rest in Chaos*.

Hank Snow

El ranger del canto

Clarence Eugene Snow
9 de mayo de 1914 – 20 de diciembre de 1999
Halifax, Nueva Escocia (Canadá)

El 4 de diciembre de 1956, Elvis Presley, Jerry Lee Lewis, Johnny Cash y Carl Perkins se reunían de manera casual en los estudios de Sun Records y daban forma a lo que se llamó The Million Dollar Quartet. Aquella jam session grabada de manera ingeniosa por Sam Phillips tiene un curioso momento cuando Elvis imita cargado de sarcasmo a Hank Snow. Y no es una casualidad. En 1955, Snow había formado junto al Coronel Tom Parker la empresa de management Hank Snow Attractions y uno de sus primeros clientes fue Presley al que él mismo había dado la alternativa en el Grand Ole Opry. Parker logró deshacer la asociación y cargó las tintas contra Snow, poniendo a Elvis en su contra. Pero Hank no era un cualquiera.

Nacido en Canadá, editó allí su primer disco en 1936 tras haber estado tocando la steel guitar desde los 12 años. En 1945 se traslada a Nashville donde rápidamente le apodan «el ranger del canto» y en 1949 publica «Marriage Wood» que entra directamente al puesto número 10 de las listas de

country. Su siguiente single, «I'm Moving On» (1950), ya se plantará directamente en el número 1, lugar que repetirá hasta en seis ocasiones más a lo largo de una carrera que se extenderá a lo largo de seis décadas y en la que llegará a vender más de 80 millones de discos. Snow, además, tiene el honor de ser el músico que popularizó por primera vez los trajes de lentejuelas que luego utilizarían gente como Gram Parsons o en el que se inspiraría el mismo Elvis para su etapa en Las Vegas. Evidentemente acumuló multitud de premios y distinciones, desde su entrada en el Salón de la Fama de compositores de Nashville hasta su reconocimiento en diez ocasiones como mejor escritor de country canadiense. En 1999 fallece tras una insuficiencia cardíaca con el honor de ver como sus canciones habían sido versionadas por Charley Pride («Miller's Cave»), The Rolling Stones («I'm Moving On»), Ry Cooder («Yellow Roses») o Johnny Cash («I've Been Everywhere»).

Son Volt

Resurgiendo de las cenizas

1995
St. Louis, Missouri

Uno de los resultados de la desaparición de Uncle Tupelo es la creación, por parte de Jay Farrar, de Son Volt. La formación original que completan los hermanos Jim y Dave Boquist y el ex batería de Uncle Tupelo Mike Heidorn empieza a trabajar juntos en 1994 en Minneapolis y a finales del año siguiente ya ha visto la luz su disco de debut, *Trace* que, aunque solo consigue llegar al puesto número 166 de las listas, recibe buenas críticas, siendo considerado uno de los mejores del año.

En 1997 es el turno de *Straightaway* y en 1998 de *Wide Swing Tremolo*, ambos inferiores a su predecesor, lo que lleva a la banda a tomarse un descanso. Farrar decide concentrarse en su carrera en solitario, que estrena en 2001 con *Sebastopol*, aunque su mejor trabajo llegará con su segundo LP, *Terroir Blues* (2013). En contra de lo que sucederá con Wilco, la otra escisión de Uncle Tupelo, Farrar seguirá más fiel al estilo original de la banda y deja poco terreno a la experimentación.

Tras volver a ensayar juntos en 2004 y publicar un recopilatorio un año después, *A Retrospective: 1995-2000*, el grupo intenta volver a grabar pero las cosas no salen bien y Farrar renueva la formación por completo para publicar *Okemah and the Melody of Riot* (2005), el disco mejor recibido por la crítica desde su debut. *The Search* (2007) y *American Central Dust* no corren la misma suerte y, sin ser malos discos, sí que parecen algo faltos de ideas. En 2011 Jay Farrar se unirá a Will Johnson, Anders Parker y Yim Yames para rendir tributo a Woody Guthrie en *New Multitudes* y en 2013 saldrá el hasta el momento último álbum de Son Volt, *Honky Tonk*.

Bruce Springsteen

El jefe también huele a vaca

Bruce Frederick Joseph Springsteen
23 de septiembre de 1949
Long Branch, Nueva Jersey

Igual que en otros casos, puede sorprender la inclusión de The Boss en este volumen pero es indudable que en los ochenta, Bruce Springsteen empezó a desarrollar una tendencia hacia el country que se ha mantenido hasta hoy. Quizá citando solo *Nebraska* (1982), disco que transita entre el folk y el country acústico sería suficiente pero en la carrera de Bruce hay otros momentos que lo hacen merecedor de ser citado en estas páginas. «Cadillac Ranch» de *The River* (1980) podría haber funcionado en la voz de cualquier cantante de honky tonk o «This Hard Land», pieza descartada por ejemplo de *Born in The USA* (1984), es country rock desde su música hasta su letra, una auténtica película del Oeste. Aunque son solo dos pequeñas muestras de las muchas que se pueden encontrar. Curiosamente es entrado el nuevo milenio cuando Springsteen muestra una etapa más claramente country, especialmente la que abarca los discos *Devils & Dust* (2005) y *We Shall Overcome: The Seeger Sessions* (2006). El primero es un trabajo de canciones originales que provienen de diversas etapas de su carrera y en las que se tratan desde temas políticos hasta el viejo Oeste. En el segundo, en cambio, Bruce opta por grabar canciones popularizadas por Pete Seeger con una formación puramente country y predominio de los instrumentos acústicos. Presencia justificada.

George Strait

El rey del country

George Harvey Strait
18 de mayo de 1952
Poteet, Texas

Si algo ha caracterizado la carrera de George Strait ha sido su fidelidad a la tradición, lo que le llevó a ganarse el apodo de rey del country. Criado en una granja familiar en la cercanía de Pearsall, Texas, estudió agricultura en la universidad estatal antes de fugarse con su novia para acabar enrolado en el ejército. Fue allí donde empezó a cantar en una banda llamada Ace in the Hole. A su regreso busca firmar un contrato discográfico como solista, lo que consigue en 1981 con MCA Records para publicar *Strait Country*, que incluye su primer gran éxito, «Unwound», escrita originalmente por Dean Dillon para Johnny Paycheck. El álbum alcanza puestos importantes en las listas para un debutante y la crítica está de acuerdo en la calidad del sonido de un Strait que navega entre el honky tonk, el western swing y el Bakersfield Sound. A partir de ahí su carrera puede resumirse en discos que se convirtieron en números 1 como *Strait From the Heart* (1982), *Does Fort Worth Ever Cross Your Mind* (1984), *Something Special* (1985), *Ocean Front Property* (1987) y *Beyond the Blue Neon* (1989) todos ellos certificados como mínimo como disco de platino. En cuanto a canciones, Strait ha conseguido que 20 de sus singles también alcancen el primer puesto en las listas cosa que le llevó a que en 2000 la Country Music Association lo galardonara como artista de la década, uno de sus numerosos premios. Tampoco se debe olvidar una destacable carrera como actor iniciada en 1992 con la película *Pure Country*, de la que también se encargó de la banda sonora. Para entender su influencia en el country no hay más que analizar su último trabajo hasta la fecha, *Cold Beer*

Conversation (2015). Debutó en el puesto número 2 de las listas de country y el 4 de Billboard, y en dos semanas ya era el vigésimo sexto número 1 de la carrera de Strait, con cerca de 300.000 copias físicas vendidas en una época caracterizada por los problemas de ventas.

Supersuckers
La banda más grande de rock and roll del mundo

1988
Tucson, Arizona

Aunque el sobrenombre autoimpuesto por la banda liderada por Eddie Spaghetti puede sonar pretencioso, no es arriesgado afirmar que Supersuckers son uno de los grupos que mejor saben aunar actualmente el country y el punk. Sus primeros devaneos con la música de raíces se producen en 1997, cuando publican el espléndido *Must've Been High*, un trabajo que descolocó a los fans de su vertiente más dura pero que les abrió nuevos horizontes. Desde entonces no han abandonado esa tendencia hacia el country que de manera puntual o de forma más permanente, como en *Holdin' the Bag* (2015), se refleja en su música. En paralelo a la banda, Eddie Spaghetti ha desarrollado una carrera en solitario, en este caso, totalmente enfocada hacia el country rock con discos como *The Sauce* (2004) o *Sundowner* (2011).

Taylor Swift

Una máquina de hacer dinero

Taylor Alison Swift
13 de diciembre de 1989
Reading, Pensilvania

Cuando los más radicales seguidores del country puro dejen de tirarse de los pelos por la presencia en esta lista de Taylor Swift será más fácil explicarles que hablamos de una mujer que según Forbes ganó cerca de 300 millones de dólares entre 2009 y 2014 y fue ganadora de 11 American Music Awards, 7 premios Grammy, y 6 Country Music Association Awards. Cierto es que Swift representa la parte más mercantilista del country pero igual de cierto es que las ventas de sus discos acaban dándole la razón.

En 2006 publica su primer trabajo y ya muestra que lo suyo va a ser buscar siempre la vertiente más populista del country. Cuando en 2008 lanza *Fearless* con todas las canciones escritas o coescritas por ella misma, ya es una estrella. El disco llegará a las 10 millones de copias vendidas en unos tiempos en los que el formato físico no funciona precisamente bien. En su primera gira estatal, planeada para 2009, realiza la friolera de 52 conciertos, algo impensable para un primer tour, y un año después debuta en el cine con la película *Valentine's Day*. *Speak Now* (2009), su tercer disco, es otro éxito masivo y cumple las expectativas de los críticos que aseguraban que podía vender un millón de copias la primera semana, algo que repitió con *Red* (2012). En 2014 publica *1989*, disco que un año después será versionado de manera íntegra por Ryan Adams, logrando así dar una nueva visión de Swift como compositora de canciones de éxito.

Randy Travis

Coleccionista de números 1

Randy Bruce Traywick
4 de mayo de 1959
Marshville, Carolina del norte

Alguien que ha vendido 25 millones de discos con 22 números 1 en su carrera y que además acumula hasta seis premios Grammy y otros seis premios de la Country Music Academy no puede ser un don nadie. Travis vivió una infancia entre discos de Hank Williams y George Jones, favoritos de su padre, y con apenas diez años ya andaba tocando con su hermano Ricky en bares bajo el nombre de Traywick Brothers. Pero la relación con su progenitor era cualquier cosa menos idílica y provocó que se fugara de casa muy pronto, convirtiéndose también junto a su hermano en un delincuente de poca monta, acusado de diversos robos que lo llevaron varias veces a un correccional. En 1975 mientras Ricky está entre rejas se presenta en solitario a un concurso de nuevos talentos en un garito de Charlotte y lo gana, convirtiéndose en residente del bar, aunque no dejó de meterse en líos y a finales de la década estuvo a punto de ser encarcelado al ser ya mayor de edad.

Con la llegada de los ochenta, Randy empieza a enviar sus canciones a diversas discográficas que lo rechazan por ser demasiado tradicional en un tiempo en el que imperaba lo moderno. Pero gracias a un disco grabado en directo que él mismo se publica y con el que entra en las radios, consigue un contrato con Warner y debuta con el single «On the Other Hand», que entra en el puesto 67 de las listas, aunque en 1986, aprovechando el éxito de su primer disco, será reeditado convirtiéndose en número 1. Ese primer larga duración se publica en 1986 como *Storms of Life* y el resultado es devastador. Cuatro millones de copias vendidas y número uno en las listas de discos de country. Además, convierte a Randy en el líder de un movimiento llamado neotradicionalismo de Nashville y en el que también se incluyen nombres como los de Kenney Chesney, Brad Pasley, Tim McGraw o Josh

Turner.Randy Travis seguirá grabando nuevos discos toda su carrera
y acumulando números 1 aunque
su estrella será ligeramente eclip-
sada en los noventa con la llegada
de estrellas como Garth Brooks o
Clint Black. A pesar de eso, discos
como *Always & Forever* (1987), por
el que obtendrá un Grammy, *High
Lonesome* (1991), *Full Circle* (1996)
o *Glory Train: Songs of Faith, Wor-
ship & Praise* (2005) le reservan un lugar en la historia de la música country.

Ernest Tubb

El trovador de Texas

Ernest Dale Tubb
9 de febrero de 1914 – 6 de septiembre de 1984
Crisp, Texas

Este músico, que probablemente no tenía la mejor voz del mundo ni tampoco se encontraba entre esos compositores que parecen tocados por la mano
de Dios, se ganó por derecho propio ser citado entre los grandes del country
junto a nombres como Hank Williams, Bill Monroe o George Jones.

Nacido el pequeño de cinco hermanos, tuvo que ver como sus padres se
divorciaban cuando era un crío por lo que se refugió en las clases de guitarra que le daba su amigo Merwyn Buffington, un fanático de la música de
Jimmie Rodgers que transmite su pasión a Ernest. Por eso cuando Jimmie
fallece en 1933 Tubb se empeña en convertirse en el heredero de su ídolo
y centrará sus esfuerzos en ello. De hecho lo imitaba en cuanto a estilo sin
ningún tipo de problemas. Decidió ponerse en contacto con la viuda de su
ídolo para pedirle una foto autografiada y entabló con ella una amistad que
llevó a que Carrie Rodgers lo recomendará para RCA. Con ellos grabará
sus dos primeros discos, que no acaban de funcionar, quizá por ese excesivo

parecido con Rodgers. Pero todo cambiará en 1939 cuando tienen que extir-
parle las amígdalas, cosa que obligará a
cambiar su estilo vocal, tornándose este
más nasal y, por supuesto, mucho más
personal. En 1940 ya había firmado
contrato con Decca y un año después
publica su single de mayor éxito, «Wal-
king the Floor Over You», con el que
llega al millón de copias vendidas. Por

si eso no fuera suficiente la canción está considerada el primer honky tonk
de la historia, siendo así Ernest Tubb considerado el creador de un subgénero del country. En 1943 el tejano llega al Grand Ole Opry y se convierte en
el primero en tocar allí una guitarra eléctrica. Lo hace junto a unos músicos
de Alabama que se presentarán bajo el nombre de The Texas Troubadours,
el que a la larga sería considerado el sobrenombre del propio Tubb.

La década de los cuarenta es totalmente exitosa para el músico y canciones
como «Try Me One More Time» o «Rainbow at Midnight» son auténticos hits. Además abre en 1947 una tienda propia en Nashville y consigue
su propio programa de radio, The Midnight Jamboree, por no hablar de su
influencia decisiva para que Hank Snow o Hank Williams se incorporaran
al Grand Ole Opry. En los cincuenta la cosa no empeora. Edita más de 30
singles, la mayoría de ellos Top 10, con canciones como «The Yellow Rose of
Texas», «(Remember Me) I'm the One Who Loves You» o «Driftwood on
the River», pero en los sesenta la cosa empezó a decaer. Quizá por eso Decca
le ofrece la posibilidad de grabar una serie de duetos con Loretta Lynn, con
la que acabará haciendo tres discos entre 1965 y 1969, grabando varios hits
como «Sweet Thang» o «Who's Gonna Take the Garbage Out». Eso sí, su
salud se resintió de tanta actividad y en 1966 se le diagnostica un enfisema,
aunque no parará de tocar. Un año antes había sido el sexto miembro del
Music Hall of Fame y en 1970 es inducido al Nashville Songwriters International Hall of Fame. Tras los duetos con Lynn vuelve a grabar en solitario
y la cosa no funciona del todo, por lo que en 1975 rescinde su larga relación
con Decca para firmar por First Generation, con la que apenas obtendrá un
éxito menor con «Sometimes I Do» (1978). En 1979 graba el LP *The Legend
and the Legacy* con gente como Willie Nelson, Merle Haggard o Chet Atkins,
en lo que será su última entrada en las listas de éxito. Sus problemas de salud
le obligan a retirarse en 1982 y fallece en 1984, eso sí, convertido en una
auténtica leyenda.

Uncle Tupelo

La semilla de un género

1987 – 1994

Belleville, Illinois

Pocas voces disienten de la consideración de Uncle Tupelo como auténtica semilla del Americana o country alternativo, género que vivió su éxtasis básicamente en la década de los noventa, pero que sigue bien vivo dando lugar a muy buenos discos. Cuando Wade Farrar deja The Primitives para enrolarse en el ejército y luego seguir sus estudios universitarios, su hermano Jay cambia el nombre del grupo, en el que también tocan Jeff Tweedy y Mike Heirdon, por el de Uncle Tupelo.

Casi sin quererlo, la banda telonea a Johnny Thunders y Warren Zevon, hecho que lejos de ser anecdótico marcará sus discos. La tristeza y melancolía de uno se une con el sonido puro rock americano del otro, cosa que se conjugará con la inclinación de Tweedy y Farrar por clásicos como Hank Williams. Su primer disco, *No Depression* (1990), casi un álbum conceptual que explica sus vidas en Belleville, consigue llegar a las 15.000 copias, cifra nada desdeñable para un disco absolutamente independiente e incluye una versión, que de paso le da título, de A. P. Carter. Su sonido bebe tanto de The Minutemen como de The Flying Burrito Brothers y acabará siendo considerado el auténtico origen del Americana, hecho que se confirmará cuando la principal revista del nuevo estilo que inicia sus publicaciones en 1995 también toma su nombre como cabecera. En su segundo trabajo, *Still Feel Gone* (1991), participa Gary Louris de The Jayhawks y confirman lo apuntado en su debut en cuanto al estilo. Un año después graban *March 16–20, 1992*, producido por Peter Buck de R.E.M. que los anima a acercarse más a lo tradicional, encantado con la versión que el grupo realiza del «Atomic Power» de The Louvin Brothers. El disco los aleja del rock alternativo y los acerca al country rock y vende más copias que los dos anteriores juntos, lo que les lleva, gracias también a la mediación de Gary Louris, a firmar por Sire Records.

Para su nueva discográfica solo grabarán un disco, *Anodyne* (1993), en el que aparece incluso un dueto con Doug Sahm y que llegará a las 150.000 copias vendidas, logrando entrar por primera vez en las listas. Pero la relación de Farrar y Tweedy vive sus peores momentos, lo que les llevará a la separación poco después. Jay formará Son Volt y Jeff Wilco, pero sobre todo su herencia es el pilar de las bases de un género que a día de hoy sigue dando grandes alegrías.

Conway Twitty

Siguiendo la estela de Elvis

Harold Lloyd Jenkins
1 de septiembre de 1933 – 5 de junio de 1993
Friars Point, Mississippi

Harold Lloyd Jenkins empezó su relación con la música como locutor de radio, trabajo que combinaba con su pasión por el béisbol. De hecho no pudo ser profesional por culpa del servicio militar. Él mismo contaba que decidió hacerse músico tras escuchar «Mistery Train» de Elvis Presley, por lo que decidió grabar un disco en Sun Records para conseguir el mismo sonido. Antes de debutar discográficamente cambió su nombre artístico y adoptó el de dos ciudades de Arkansas y Texas. Su primer gran éxito llega en 1958 con «It's Only Make Believe», con la que llegó a vender ocho millones de singles y que curiosamente apareció como cara B de «I'll Try». Las malas lenguas cuentan que su estilo y timbre vocal era tan parecido al de Presley que muchos compraron el disco pensando que era una nueva grabación del Rey publicada con pseudónimo. En 1965 Twitty decide dejar de jugar a ser Elvis y opta por dedicarse a la música country, y tres años después obtiene su primer éxito en ese estilo con «The Image of me», a la que seguirá su primer número 1, «Next in Line». Aunque el gran momento de su carrera se produce cuando en 1971 lanza el primero de sus muchos y exitosos dúos junto a Loretta Lynn, «After the Fire Is Gone». Entre 1968 y 1978, todos los singles en los que aparecía el nombre de Twitty alcanzaron los diez primeros puestos de las listas. Aunque fue una anécdota para la prensa, porque los siguientes 23 sencillos publicados obtuvieron la misma condición. En 1993, con 59 años, Conway Twitty fallece en plena gira a causa de un aneurisma de la aorta abdominal, con la friolera de 55 números 1 a lo largo de su carrera.

Two Cow Garage

A todo gas

2001
Columbus, Ohio

Uno de los grupos que mejor recogen la herencia del cow-punk de los ochenta liderado por bandas como Jason & The Scorchers o Mojo Nixon son Two Cow Garage. Formados primero, como dúo, de ahí su nombre, la banda graba su primer disco, *Please Turn the Gas Back On*, en 2002. Su country rock acelerado que se acerca sin rubor al punk los  convierte en carne de ferias y fiestas campestres, cosa que les lleva a adquirir notoriedad rápidamente, aunque en un circuito muy limitado. En 2004 hacen una pausa a sus interminables giras y graban *The Wall Against Our Back*, consiguiendo que la crítica los valore muy positivamente, lo que les permite grabar el documental *The Long Way Around: One Badass Year With Two Cow Garage*. En 2013 publican su sexto disco, *The Death Of The Self Preservation Society*, y muestran la buena salud de su propuesta sobrepasando los 150 conciertos ese mismo año.

Townes Van Zandt

Melancolía crepuscular

7 de marzo de 1944 – 1 de enero de 1997
Fort Worth, Texas

Probablemente sea Townes Van Zandt uno de los músicos más influyentes de su generación, aunque no sea fácil encontrar por nuestros lares gente a la que ni siquiera suene su nombre. Hijo de una familia adinerada, dueña de una empresa petrolífera, Townes no escapó a los problemas de la adolescencia y rápidamente se le diagnosticó un cuadro maníaco-depresivo y un trastorno bipolar por el que tendría que medicarse toda su vida. Empezó a tocar la guitarra imitando el estilo de Lightnin' Hopkins y queriendo parecerse a Bob Dylan y Elvis Presley en la forma de cantar.

En 1965 empieza a cantar por 10 dólares la noche en un garito de Houston en el que conocerá a su ídolo, Lightnin' Hopkins, y a otros músicos como Guy Clark que le animarán a escribir sus propias canciones tras escuchar una versión primeriza de «Fraternity Blues». Así que en 1968 se traslada a Nashville y empieza a trabajar con Cowboy Jack Clement, quien le producirá su debut, *For the Sake of the Song*, y en el que sus armas quedan claras: melancolía, aromas crepusculares, humor agridulce y sencillez. Tras él llegarán *Our Mother the Mountain* (1969), *Townes Van Zandt* (1969), *Delta Momma Blues* (1971) y *High Low and In Between* and *The Late Great Townes Van Zandt* (1972), todos espléndidos trabajos con los que se gana el respeto, sobre todo, de sus compañeros de profesión.

Metido en problemas de alcoholismo, tardará seis años en volver a grabar pero regresará a lo grande en 1978 con *Flyin' Shoes* y el magnífico directo *Live at The Old Quarter*, uno de los mejores discos acústicos grabados en directo de la historia con los sentimientos a flor de piel. Ajeno al éxito comercial, Van Zandt volvería a tardar diez años en grabar mientras veía como otros artistas como Don Williams, Willie Nelson o Merle Haggard conseguían grandes resultados con versiones de sus canciones. Willie y Merle, de hecho, llevan al número 1 «Pancho & Lefty» en 1983. El alcoholismo hace mella en el artista y su voz se resiente, auque en 1987 publica el notable *At My Window*. En los noventa ingresa en una clínica de desintoxicación pero la familia es avisada de que su deplorable estado probablemente no aguantará el duro proceso. Músicos como Steve Shelley de Sonic Youth intentan recuperarlo para la música pero tienen que suspender las sesiones de grabación cuando Van Zandt se presenta ebrio. Sufre varias caídas en las siguientes semanas y se fractura el fémur y varias vértebras del cuello. Alejado de los hospitales por su familia que no confiaba en los médicos, fallece a causa de una arritmia justo 44 años después de que lo hiciera Hank Williams.

Porter Wagoner

Mr. Grand Ole Opry

Porter Wayne Wagoner
12 de agosto de 1927 – 28 de octubre de 2007
West Plains, Missouri

Ochenta singles colocados en las listas de éxitos, tres de ellos número 1 y una remarcable carrera junto a Dolly Parton. De eso podría presumir un Porter Wagoner ligado para siempre a la imagen de sus estrambóticos trajes.

Porter soñó desde niño ser un artista del Grand Ole Opry, por lo que dirigió su vida a conseguirlo. Su carrera despegó cuando el propietario de la tienda en la que trabajaba descubría que tenía más clientes si Wagoner cantaba por lo que fomentó su aparición en programas de radio locales. Gracias a eso consiguió que Red Foley le invitara a su programa de radio para acabar firmando un contrato con RCA en 1954. Su segundo sencillo para la compañía, «A Satisfied Mind», será su primer número 1. En 1957 cumple

su sueño y entra a formar parte del Grand Ole Opry y a principios de los sesenta consigue tener uno de los primeros programas de televisión dedicados
al country con difusión fuera de Nashville, *The Porter Wagoner Show*. Conocido también como El Hombre Delgado de las Llanuras del Oeste, pasaría
a la historia como Mr. Grand Ole Opry gracias a sus numerosas apariciones
en el programa.

En 1967 iniciará su carrera formando dúo junto a Dolly Parton con la
que llegaría a publicar hasta 13 discos de estudio, aunque en medio de su
relación, a principios de los ochenta tuvieron problemas de royalties que
estuvieron a punto de acabar con su proyecto común. Como tantos otros
sufrió la dura travesía de los ochenta, aunque él tenía el consuelo de seguir
apareciendo en el Opry y en algunas películas de Hollywood. Desaparecido
en los noventa lo intenta otra vez en la década siguiente y llega a publicar
un álbum espléndido, como *Wagonmaster* (2007). Ese mismo año gira junto
a la banda de rock The White Stripes, lo que le permite ser conocido por
un público más joven, pero a finales del mismo año fallecerá a causa de un
cáncer de pulmón.

Jerry Jeff Walker

El gitano de las canciones

Ronald Clyde Crosby
16 de marzo de 1942
Oneonta, Nueva York

Desertor de la Guardia Nacional, Jerry Jeff Walker siempre ha sido asociado
al estado de Texas a pesar de haber nacido realmente en el de Nueva York.
De hecho es allí donde hace sus prime-
ros pinitos en el mundo de la música, en
el famoso Greenwich Village, y también
allí donde en 1966 cambia su nombre real
por el que le haría mundialmente conocido. En 1967 debuta con el grupo Circus
Maximus, grabando un disco homónimo

en el que predomina el folk-rock. Un año después ya ha firmado con ATCO y publica el disco *Mr. Bojangles*, con la canción del mismo título que se convertiría en su gran éxito y que la Nitty Gritty Dirt Band convertiría en 1971 en un clásico del country rock. Una década en la que Walker firma contrato por Decca, donde debuta lanzando un álbum titulado con su nombre en 1972 y el espléndido *Viva Terlingua* en 1973, que incluye versiones de Guy Clark y Ray Wylie Hubbard. Trasladado a Austin, empieza a relacionarse con Waylon Jennings y Willie Nelson, lo que provoca que algunos lo sitúen erróneamente en el outlaw country gracias a su fama, bien ganada, de fiestero. Aunque rápidamente y gracias a su matrimonio se atempera y se dedica en exclusiva a grabar buenos discos como *A Man Must Carry On* (1977) o *Contrary to Ordinary* (1978). En los ochenta, desengañado de las reglas de la industria, decide autoeditarse una serie de casetes y mostrarse como autosuficiente, lo que le hace ganar el mismo número de enemigos que de fans. Eso no evita que a principios de los noventa consiga tener su propio programa televisivo y poco después publique su autobiografía, *Gypsy Songman*, algo así como «el gitano de las canciones», apelando de nuevo a su espíritu zíngaro y zalamero. Al igual que su amigo Willie Nelson, en sus últimos discos se ha acercado al jazz con buen resultado.

Dale Watson

El padrino del Ameripolitan

Kenneth Dale Watson
7 de octubre de 1962
Birmingham, Alabama

Muchos son los que ven en el empecinamiento de Dale Watson en seguir la tradición del country el principal motivo por el que no se ha convertido en un súper ventas, pero el de Birmingham se ha mantenido en sus trece dando lugar al llamado Ameripolitan, un subgénero en el que lo contemporáneo no está reñido con lo clásico. Defensor a ultranza del honky tonk y el Bakersfield Sound como medios de expresión, Watson empezó a escribir canciones con 12 años. Rosie Flores lo ve tocar en un local de mala

muerte y se enamora de su estilo por lo
que le aconseja trasladarse a Los Ángeles,
donde pasará a formar parte de la banda
residente del Palomino Club. Tras pasar
por Nashville se instala en Austin y forma The Lone Stars, justo antes de grabar su primer disco, *Cheatin' Heart Attack*
(1995), al que seguirá un año después *Blessed or Damned*. La cosa parecía
funcionar y Watson iba publicando buenos discos, con especial atención a
The Truckin' Sessions (1998), hasta que en 2000 su novia fallece en un accidente de automóvil y él se sumerge en una espiral de drogas y alcohol que
está a punto de acabar con su vida a causa de una sobredosis. Su compañía
aprovecha para editar un disco navideño y un directo pero su regreso real se
produce en 2004 con *Dreamland*, su duodécimo trabajo. Un año después es
inducido en el Austin Hall of Fame y se traslada a Baltimore para estar más
cerca de sus hijas, donde permanecerá durante dos años. Su tortuosa historia
le hace empezar a ser comparado con el primer Johnny Cash, lo que Watson
acepta como un honor. En 2008 publica *To Terri With Love*, dedicado a su
desaparecida compañera para cerrar definitivamente heridas. Su recuperación es evidente y volverá a grabar discos espléndidos como *El Rancho Azul*
(2013) y *Call Me Insane* (2015).

Bob Wayne
¿El último outlaw?

Robert Wayne
29 de marzo de 1977
Richland, Washington

Cuando con apenas 12 años tuvo que dejar la escuela poco antes de que su
padre falleciera por sobredosis, Bob Wayne lo tuvo claro. Y más teniendo en
cuenta que poco antes su madre lo había llevado a un concierto de Johnny
Cash en Los Ángeles. La música iba a ser lo suyo. Eso sí, en su vertiente más
peligrosa. Drogas, alcohol y rock and roll fue su receta. Amante de grupos

de metal como Pantera y Metallica, una de
sus primeras bandas, Stickman, sigue esa
línea estilística. Tras un grave accidente
en la espalda que lo lleva a rehabilitación
durante un año acaba de técnico de guitarras de Hank III, y gracias a eso inicia su
carrera musical en solitario, marcada por
su pasado metalero pero evidentemente
country. Con *Outlaw Carnies* (2010), una especie de grandes éxitos de sus
tres primeros y autoeditados discos, le llega la notoriedad. En el disco, en el
que colaboran Donnie Herron (BR5-49) y Billy Contreras (George Jones)
se encuentran temas como «Reptile» o «Driven by Demons». Tras un par
de buenos discos más, en 2015 edita el álbum de versiones *Hits the Hits*.

The White Buffalo

Protagonizando su propia serie de televisión

2002
Los Ángeles, California

Detrás de The White Buffalo se encuentra Jake Smith, aunque él siempre ha
considerado este proyecto como un grupo que debuta en 2002 con *Hogtied
Like a Rodeo*. En él ya se observa como el angelino combina en sus canciones la herencia de músicos outlaw como Waylon Jennings con algo de
rock más contemporáneo en la línea de Tom Waits. Será gracias al mundo
de las series y el cine que The
White Buffalo adquirirá notoriedad. Primero al incluir una
de sus canciones, «Wrong», en
la película *Shelter* y luego, sobre
todo, al ser seleccionados seis
de sus temas para aparecer en la
banda sonora de la famosa serie
televisiva *Californication*. Eso le

permite en 2012 publicar *Once Upon a Time in the West*, que obtiene unas críticas espléndidas, al igual que su siguiente *Shadows, Greys, and Evil Ways* (2013). Con algunas de sus canciones repite experiencia televisiva en la serie *Sons of Anarchy* y en 2015 publica el que probablemente sea su mejor disco, *Love & The Death of Damnation*.

Tony Joe White

El maestro del swamp rock

23 de julio de 1943
Oak Grove, Luisiana

El más pequeño de los siete hermanos de la familia White empezó su carrera musical actuando en bailes escolares y fiestas de instituto. Es suficiente con que Billy Swan, productor de la discográfica Monument, especializada en country y rhythm and blues lo vea actuar para que le firme un contrato en 1967. Publica varias canciones como «Soul Francisco», un éxito en Francia que pasó inadvertida en su país, o «Polk Salad Annie», un fracaso de ventas hasta que en 1969 es relanzada para entrar directamente en el puesto 8 de Billboard y además redefinir un estilo apodado swamp rock, al que ya se asociaba a la Creedence Clearwater Revival. Caracterizado por la fusión del country y el rock con estilos como el blues, el cajun y el zydeco, White se convierte en su máximo exponente. Con una carrera caracterizada por la sobriedad y la excelencia, su último trabajo es *Rain Crow* (2016).

Whitey Morgan and the 78's

La herencia outlaw

2005
Flint, Michigan

Un periódico local de Pittsburg aseguraba de ellos, cuando llegaron a la ciudad, que «nadie se equivoque. No estamos en 1972 sino en 2011» y en esa frase se esconde la esencia de esta espléndida banda de honky tonk. Su sonido parece haber salido de algún tugurio de los setenta y sigue la línea de los grandes del movimiento outlaw, con  Waylon Jennings en cabeza. Cerca de Detroit se alza Flint, una pequeña ciudad llena de fábricas vacías en la que unos chavales decidirán que no hay cosa mejor que hacer que formar una banda de country rock. Así nacen en 2005 Whitey Morgan and the Waycross Georgia Farmboys. Consiguen grabar un EP en el que incluyen incluso una versión del «Running with the Devil» de Van Halen, pero cambian de formación en 2007 y aprovechan para hacerlo también con su nombre tomando el de Whitey Morgan and the 78's. Sus canciones hablan de forajidos, de presos, de borrachos, de perdedores y atraen a Fred Newell, músico de Waylon Jennings que les ayuda a grabar su primer disco, *Honky Tonks and Cheap Motels* (2008), donde por cierto despachan una magnífica versión de «I'm on Fire» de Bruce Springsteen. El buen disco les abre las puertas de Bloodshot Records, siempre atenta a los nombres importantes del country alternativo, con quien publicarán un disco homónimo en 2010 que provocará su primera presencia en las listas de éxito. Eso les permite girar con The Deadstring Brothers, Wayne Hancock o Scott Miller, entre otros. Tras publicar en 2014 un disco en directo grabado cuatro años antes, en 2015 publican su mejor trabajo, *Sonic Ranch*, con el que alcanzan el Top 10.

Wilco
Remitiéndonos a sus orígenes

1994
Chicago, Illinois

Wilco fue una de las bandas que surgió de la disolución de los seminales Uncle Tupelo. La otra fue Son Volt. Encabezada por Jeff Tweedy, el grupo mantuvo en sus primeros tiempos un estilo cercano al country alternativo que facturaba su banda de procedencia, aunque luego se inclinaron por ampliar horizontes tornándose más experimentales.

Aunque en un primer momento Wilco estaba integrado por todos los miembros de Uncle Tupelo excepto Farrar, el grupo se ha caracterizado por numerosos cambios de formación y solo Tweedy y John Stirratt se mantienen desde sus inicios. Su primer disco, *A. M.* (1995), no fue bien recibido por el público que en esa curiosa batalla fratricida se inclinó más por *Trace* de Son Volt, pero con el tiempo el álbum, a pesar de las opiniones de la propia banda, ha sido bien tratado por la crítica y sus seguidores. Es sin duda su disco más country rock y cuenta con Brian Henneman de The Bottle Rockets como guitarrista. En *Being There* (1996) empieza su evolución y sus cambios de formación, y aunque más o menos la mitad de los temas mantienen el estilo del disco anterior empiezan a incluir elementos psicodélicos y experimentales en otros, lo que repercute en mejores críticas. Mientras preparan su nuevo disco, en 1998 graban el primer volumen de las *Mermaid Avenue* (el segundo llegará en 2000), en el que junto a Billy Bragg ponen música a

letras que Woody Guthrie dejó escritas sin convertir en canción. Su estilo, de nuevo, vuelve a acercarse al country. Un espejismo. Cuando en 1999 se publica *Summerteeth* poco queda de ese country rock y nada cuando aparece *Yankee Hotel Foxtrot* (2002).

El cuarto disco de Wilco recibe críticas excelentes y los confirma como una de las grandes bandas del rock alternativo, llegando a ser considerado uno de los mejores discos de la década. A pesar de tener problemas contractuales, el grupo consigue editarlo con Nonesuch Records, con quien también publicarán en 2004 *A Ghost Is Born*, ganador de dos premios Grammy. Sus trabajos posteriores como *Sky Blue Sky* (2007), *Wilco (The Album)* (2009), *The Whole Love* (2011) o *Star Wars* (2015) acumulan premios, buenas críticas y ventas elevadísimas, lo que convierte al grupo definitivamente en un fenómeno de masas.

Hank Williams

El vagabundo errante

Hiram King Williams
17 de septiembre de 1923 – 1 de enero de 1953
Mount Olive, Albama

Conocido también como Luke The Drifter o Ramblin' Man, Hank Williams está considerado por muchos como el verdadero padre del country moderno. Su manera de entender la música y su carisma como intérprete le dan la merecida consideración de leyenda, no ya del country sino de la música norteamericana.

El tercer hijo de Lon y Lillie Williams se crio en un hogar humilde, lo que provocaba que el muchacho apenas tuviera contacto con su padre al estar este permanentemente trabajando mientras su madre dirigía una casa de huéspedes. De bien pequeño se le detectó espina bífida, una patología en la columna vertebral que arrastraría y marcaría toda su vida. Autodidacta, Williams aprendió a tocar la guitarra country escuchando la radio y asistiendo a misas góspel, y el músico callejero Rufus Payne le enseñó los secretos del blues. Con 13 años ya tenía su propia banda y un año más tarde era el líder de Hank Williams & The Drifting Cowboys. Actuando por todo el país también desarrolló desde muy joven una adicción por el alcohol, que le servía para olvidar y calmar sus dolores de espalda.

En 1946 Hank ficha por Acuff-Rose, la editora de Roy Acuff y firma contrato para publicar con MGM. Tendrán que esperar hasta el quinto tema que publican, «Move it on Over» para entrar en las listas pero lo hace con un nada desdeñable número 4. A partir de ahí su presencia en radios es una constante y en 1949 consigue su primer número 1 con la legendaria «Lovesick Blues», que entre otras cosas le abre las puertas del Grand Ole Opry. Cargado de ideas originales, ansioso por hablar de alcohol y mujeres, pero también de angustia y confusión a ritmo de hillbilly, Williams es una máquina produciendo hits. Tras «Lovesick Blues» todos los singles que publicará en vida, un total de 19, se convertirán en Top 10. Temas como «Cold Cold Heart» (1951) o «Lost Highway» (1949) se convertirán en auténticos clásicos pero no es oro todo lo que reluce. Hank no solo depende del alcohol para hacer frente a sus problemas de espalda y a su angustia vital, sino que se hace adicto a la morfina en un cóctel fatal que provocó su despido del Opry y su divorcio en 1952. Perdió buena parte de su pelo y casi quince quilos, siendo ya un hombre extremadamente delgado, e hizo frente incluso a un ataque al corazón en 1951. El día de año nuevo de 1952, apenas recién casado de nuevo, Hank Williams fallecía en la parte trasera de un coche que lo llevaba hacia un concierto en Ohio. Ganador de infinidad de premios póstumos, su muerte prematura no hizo más que acrecentar su leyenda para confirmarlo como uno de los más grandes nombres de la historia del country.

Hank Williams Jr.

Bocephus, hijos de Dios

Randall Hank Williams
26 de mayo de 1949
Shreveport, Louisiana

Ser hijo de alguien reconocido tiene sus ventajas y sus desventajas, pero serlo de alguien de la calidad e influencia indiscutible de Hank Williams se me antoja, como mínimo, duro. Sobre todo si te dedicas a lo mismo que él. Y eso es lo que hizo Hank Williams Jr., al que su propio padre llamaba Bocephus, apodo que utilizaría en el futuro.

Supo poco lo que era el cariño paterno ante la muerte prematura de Hank, pero criado por su madre no olvidó, eso sí, su sueño de convertirse en músico, como su padre.

En 1964 debuta con *Your Cheatin' Heart*, un disco íntegro de versiones de su padre que ha de convertirse en banda sonora de un biopic y que no facilitará que su propia carrera sea tomada en serio. Y menos aún cuando se comprueba que su sonido no deja de ser una imitación del de su progenitor. Así que intenta cambiar las cosas ese mismo año grabando otro disco íntegro de versiones, pero esta vez junto a Connie Francis, *Connie Francis and Hank Williams, Jr. Sing Great Country Favorites*. En sus siguientes discos, cansado de esa permanente comparación, intenta evolucionar hacia el rock y a veces incluso se presenta en directo con el nombre de Rockin' Randall para ser valorado por sí mismo. Poco a poco y a pesar de la losa de su apellido, consigue labrarse una reputación y su combinación de rock and roll y country alcanza el cénit cuando en 1970 consigue su primer número 1 con la canción «All for the Love of Sunshine». Curiosamente, en lo que parecía un intento de parecerse a su padre empieza a abusar de drogas y alcohol y en 1974 incluso intenta suicidarse. Trasladado a Alabama para recuperarse, entra en contacto con músicos de rock sureño e incorporará ese estilo a su música como muestra *Hank Williams, Jr. and Friends* (1975), en el que le acompañan Charlie Daniels o Chuck Leavell. Pero ese mismo año sufre un accidente escalando, le han de reconstruir la cara y ha de volver a aprender a hablar, lo que supondrá un largo paréntesis en una carrera que parecía despegar. Renacido en 1977, se alinea con el movimiento outlaw y Waylon Jennings le produce ese mismo año *The New South*. A partir de ahí, y durante los ochenta, se mantuvo en primer plano mediático gracias a sus himnos de carretera y sus guiños al rock más duro, pero la aparición a finales de la década de revitalizadores del country más tradicional pareció dejarlo fuera de lugar. Los noventa no van mejor y en 2003 publica *I'm One for You* antes de tomarse un descanso de seis años que se romperá con *127 Rose Avenue* (2009). En 2012 publica *Old School New Rules*, con el que llega al puesto 4 de las listas de country y en 2016 se supera con *It's About Time*, llegando hasta el 2, con lo que da por superadas definitivamente las comparaciones con su padre.

Hank Williams III

Tercera generación

Shelton Hank Williams
12 de diciembre de 1972
Nashville, Tennessee

La tercera generación de los Williams tiene en Holly y en Hank a sus máximos representantes en el mundo de la música. Hijos de Hank Williams Jr. es Hank III, nombre con el que es conocido, el más popular de ambos. Físicamente pastado a su abuelo, se inició tocando en bandas de punk y hardcore para acabar lanzando su primer disco en 1999 con el espléndido *Risin' Outlaw*, convirtiéndose por actitud  en el heredero perfecto del outlaw country de los setenta. Con una buena recepción tanto a nivel de público como de crítica, sus problemas no tardan en aparecer. Su compañía Curb Records se niega a sacar su siguiente disco y Hank se pasea por sus conciertos con una camiseta con el eslogan

«Fuck Curb». Para entretenerse mientras se soluciona el tema forma con Phil Anselmo la banda de metal Superjoint Ritual. Metido de lleno en conflictos judiciales, ello coincide con la aparición en 2006 de *Straight to Hell*, un espléndido disco de country rock forajido que tampoco está exento de polémica al ser calificado de violento. Su peculiar carácter hace que incluso se enfrente a Shooter Jennings, al que calificó de estafa. En 2008 publica otro nuevo disco, cuarto de su carrera, titulado *Damn Right, Rebel Proud*, en el que vuelve a reinventar la manera de entender el country. Desde entonces no ha recuperado el nivel. Ha combinado discos de metal con trabajos más cercanos a las raíces como el notable *Rebel Whithin'* (2010), aunque seguimos esperando de él otra gran obra.

Lucinda Williams
La mujer Bob Dylan

26 de enero de 1953
Lake Charles, Louisiana

Que algunos críticos hayan apodado a Lucinda Williams como la versión femenina de Bob Dylan no es casualidad. La de Lake Charles ha desarrollado una carrera impecable, en la que su perfeccionismo enfermizo ha convertido cada uno de sus lanzamientos en un álbum aclamado por la crítica.

Miller Williams, padre de la artista y profesor de literatura además de poeta, transmitió a Lucinda su pasión por el lenguaje pero también por Hank Williams y los viejos cantantes de blues del Delta. El trabajo del profesor, asimismo, hizo que la familia cambiara a menudo de hogar, dando esto una visión del mundo a Lucinda tremendamente abierta. Su madre, por su parte, fue la encargada de enseñar a Lucinda el valor de las canciones escritas por mujeres como Joan Baez o Joni Mitchell. Así que la chica no duda en intentar emularlas y empieza a tocar versiones en garitos de la zona de Nueva Orleans. En 1974 se traslada a Austin, pero su espíritu viajero le hace vivir también en Houston y Nueva York. En 1979 graba su primer disco, *Ramblin'*, en el que realiza versiones de canciones country, blues e incluso cajun y un año después graba su primer disco de temas originales, *Happy Woman Blues*.

A principios de los ochenta consigue firmar un contrato con CBS pero no publicarán nada juntos porque la compañía no sabe cómo mover su estilo, así que pasan ocho años hasta que publica su siguiente disco, titulado con su nombre, y al que sigue *Sweet Old World* (1992). Para entonces ya se ha convertido en la gran esperanza blanca del country rock y su siguiente paso la convertirá en una realidad. La publicación de *Car Wheels on a Gravel Road* (1998) será ese paso. El disco es la perfecta combinación entre country, folk, blues y rock y prueba de ello es que se llevará un premio Grammy en 1999. Con tres productores del calibre de Roy Bittan (teclista de la E Street Band de Bruce Springsteen), Steve Earle y el productor de confianza de este, Ray Kennedy, y las mezclas finales de Rick Rubin, Lucinda Williams consigue facturar uno de los mejores discos que el country rock dio en los noventa y probablemente en toda su historia convirtiéndose en su primer trabajo en ser certificado como disco de oro.

Para entonces Lucinda ya ha acostumbrado a sus fans a una larga espera entre disco y disco, lo que hace que *Essence* llegue en 2001. La artista ya se ha confirmado como una grande del rock de raíces y cada uno de sus trabajos es esperado con fervor y ansiedad. Con músicos como Tony Garnier, Jim Lauderdale o Charlie Sexton construye canciones como «Get Right With God», ganadora también de un Grammy. *World Without Tears* (2003) se convierte en el primer disco de su carrera que entra directamente al Top 20 y tras él publica el directo *Live at Fillmore* (2005), al que sigue *West* (2007), otro excelente disco. Lucinda parece no poder fallar y no lo hace en *Little Honey* (2008), ni en *Blessed* (2011) ni en *Down Where the Spirit Meets the Bone* (2014), su primer trabajo publicado por su propia discográfica. *The Ghost of Highway 20*, lanzado en 2016, es su último, y nuevamente aclamado, trabajo.

Zane Williams

Contundente realidad

27 de julio de 1977
Abilene, Texas

Una de las grandes esperanzas del country actual responde al nombre de Zane Williams y en 2015 publicaba su quinto disco, *Texas Like That*, en cuya canción principal apuntaba que la clave en la vida es la autenticidad, la camaradería, el trabajo duro y la gratitud. Una especie de filosofía de vida que le ha llevado a tener incluso un grupo de seguidores que se autodenominan The Zaniacs. Finalista en tres categorías del prestigioso Merlefest de Austin, Zane publica su primer disco, *Hurry home*, en 2006 y rápidamente llama la atención a los seguidores del género con su versión tradicional pero a la vez contemporánea de la música country. En 2010 llega su segundo trabajo que cuenta con la coproducción de Radney Foster, *The Right Place*, y en 2011, con *Ride With Me* y la canción que le da título consigue colarse en las listas. Su carrera parece tan lenta como segura y *Overnight Success* (2013) es su siguiente paso hasta el citado *Texas Like That*, con el que su nombre corre de boca en boca entre los amantes del género.

Bob Wills

El rey del western swing

James Robert Wills
6 de marzo de 1905 – 13 de mayo de 1975
Kosse, Condado Limestone, Texas

La música siempre estuvo presente en la vida de Bob Wills. No en vano su padre era un gran violinista que le enseñó a tocar dicho instrumento además de la mandolina. Antes de cumplir los 25 años ya andaba tocando el violín en algunos locales de Fort Worth mientras se ganaba la vida como peluquero. Tras formar parte de The Wills Fiddle Band ingresa en The Doughboys, donde acabará encargándose de la voz principal. Finalmente formará el grupo por el que será conocido en  toda la nación, The Playboys, y se trasladará a Waco, poco antes de añadir el nombre de su estado de nacimiento al de su banda.

Establecidos en Tulsa, Oklahoma, The Texas Playboys se convierten en un auténtico fenómeno radiofónico. Su particular manera de entender el country con la adición de instrumentos de viento, batería y el sonido de la steel guitar de Leon McAuliffe hace que su música corra de boca en boca. «Ida Red», canción en la que años más tarde se basaría Chuck Berry para su «Maybellene», fue uno de sus primeros grandes éxitos en 1938, aunque su auténtico bombazo será la grabación de «New San Antonio Rose», que alcanzó el millón de copias vendidas en formato single tan solo dos años después. Con esas ventas se gana el sobrenombre de Rey del western swing. Paralelamente a su carrera musical, Wills lo intenta con el celuloide y aparece en varias películas de dudosa calidad. La música era su terreno y allí era donde destacaba, llegando a ser sus bailes country más multitudinarios que los del rey del swing, Benny Goodman. Pero en los cincuenta Wills se encontró con un problema: su música era demasiado country para las emisoras de swing y demasiado swing para las de country, así que su popularidad y presencia empezaron a disminuir. En los setenta sufre un leve repunte con la grabación del larga duración *For the Last Time*, pero fallece en 1975 a causa de una neumonía.

The Wood Brothers

Bluegrass del siglo XXI

2004
Nueva York, Nueva York St. / Atlanta, Georgia

Formados por los hermanos Chris y Oliver Wood y el multiinstrumentista Jano Rix, The Wood Brothers representan a la perfección la herencia del bluegrass en los grupos contemporáneos. Los hermanos Wood empezaron a tocar por separado ya que vivían en ciudades distintas, Nueva York y Atlanta, a pesar de haber nacido en Boulder, Colorado. Oliver forma parte del grupo de blues King Johnson, mientras Chris, en la Gran Manzana, toca en combos de jazz con  John Medeski y Billy Martin. Pero cada vez que se reúnen en eventos familiares, los hermanos tocan juntos y se inclinan por viejos temas country y folk. Así que deciden unirse y en 2005 publican el EP *Live at Tonic*, puro bluegrass. La prestigiosa Blue Note no pierde la oportunidad de ficharlos y en 2006 publica su primer disco, *Ways Not to Lose*, para repetir en 2007 con *Loaded*. Tras este, y a pesar de las buenas críticas, la discográfica les pide que suavicen su propuesta y la hagan más comercial y menos tradicional, lo que provoca que ante la negativa del grupo su contrato se rompa. Tras *Up Above My Head* (2009) llega el magnífico *Smoke Ring Halo* (2011), que no consigue entrar en listas a pesar de su enorme calidad. Un par de grabaciones en directo dan paso a *The Muse* (2013) y, sobre todo, *Paradise* (2015), que supone su primera entrada fuerte en las listas de country, llegando al número 12 y confirmándolos como uno de los grupos más interesantes del neobluegrass y el country-folk contemporáneo.

Tammy Wynette

La Primera Dama

Virginia Wynette Pugh
5 de mayo de 1942 – 6 de abril de 1998
Itawamba, Mississippi

Considerada una de las mejores vocalistas del country, Tammy Wynette es también una de las máximas exponentes del Nashville Sound. Prácticamente no conoció a su padre, el guitarrista William Hollis Pugh, pero la formación musical de este influyó en su infancia ya que sus abuelos, encargados de criarla, eran apasionados del country y el góspel. Casada muy joven, en 1964 deja a su marido y se marcha a vivir con sus hijos a Alabama, donde  trabajará como peluquera en un salón de belleza aunque rápidamente consigue un trabajo en la televisión local, presentando el programa *Country Boy Eddie Show*. En 1967 es reclamada por Nashville para unas pruebas gracias a su buena imagen televisiva y se inicia definitivamente su carrera musical.

El mismo año consigue el primero de los 23 números 1 que conseguiría en su carrera con «I Don't Wanna Play House», la tercera canción que publicaba y tras la cual enlazaría seis primeros puestos consecutivos. En 1968 su álbum *D-I-V-O-R-C-E* también la lleva al puesto más alto, en este caso, de la lista de LPs. Poco después se lleva el premio de la Country Music Association a la Mejor Vocalista Femenina del Año, lo que logrará dos veces más de forma consecutiva.

Pero si por algo se va a caracterizar la carrera de Tammy es por las colaboraciones con otros artistas, especialmente con su segundo marido, nada menos que George Jones, con el que llega a grabar hasta diez discos y gracias al que se gana el apodo de Primera Dama del country. Hasta catorce de sus canciones se colaron en las listas de éxitos y tres de ellas, «We're Gonna Hold On» (1973), «Golden Ring» (1976) y «Near You» (1976), se convirtieron en número 1. Su último disco juntos lo graban en 1995 con *One*, y aunque su música no está de moda, se alzan hasta el puesto 12 de las listas.

Una década, la de los noventa, caracterizada por los problemas de salud de una Tammy que es operada en quince ocasiones y se convierte en adicta a los medicamentos para el dolor. Wynette fallecerá en 1998 a causa de complicaciones por un coágulo de sangre en el pulmón con tan solo 55 años.

Dwight Yoakam

La esencia del country rock

Dwight David Yoakam
23 de octubre de 1956
Pikeville, Kentucky

Es difícil conseguir aunar el respeto del público country y el público rock, y Dwight Yoakam es uno de los pocos que lo ha conseguido. Quizá porque ha cuidado con mimo su carrera garantizando un mínimo de calidad en todos sus discos. O quizá la razón es que muchos ven en él al alumno aventajado de Hank Williams con el que comparte esa dicción gangosa tan característica. Nacido en Kentucky pero criado en Ohio, Yoakam destacó antes en la interpretación que en la música. No en vano también acumulará en el futuro un buen número de apariciones como actor en series o películas de Hollywood. Cuando decide optar por la música, dejando los estudios, se traslada a Nashville pasando desapercibido, por lo que finalmente se instala en Los Ángeles donde se dejará influir por la incipiente escena country alternativa representada por The Blasters, Los Lobos y X. Gracias a eso dio a su música esa vertiente rock que le acerca al público del estilo como apuntábamos antes. Yoakam admira a Buck Owens o a Merle Haggard pero

también a Elvis Presley y eso lo transmitirá en sus canciones. En 1986 debuta con *Guitars, Cadillacs, Etc., Etc.* y la respuesta es unánime: ha nacido una estrella. Esas impresiones se confirman con los siguientes *Hillbilly Deluxe* (1987) y *Buenas Noches From a Lonely Room* (1998), en el que Buck Owens colabora en la versión de «Street of Bakersfield». Una trilogía fantástica para empezar con la que no solo se gana los primeros puestos de los charts sino, sobre todo, el respeto de la industria. Canciones como «Readin', Rightin', Route 23» o la que da título a su primer trabajo, considerada por *Rolling Stone* una de las 100 mejores canciones country de todos los tiempos, se convierten en auténticos himnos para el público ávido de unir el rock y el country. Johnny Cash asegura que es su cantante favorito de country, Chris Isaak, afirma que es su escritor de canciones favorito, y los premios y las nominaciones caen como manzanas maduras. Yoakam nunca ha abandonado, eso sí, su tendencia rock y a lo largo de su carrera ha versionado con éxito a Elvis, Queen, Grateful Dead o incluso The Clash, mientras casi una veintena de discos sin mácula le avalan como uno de los grandes.

Faron Young
El sheriff del honky tonk
25 de febrero de 1932 - 10 de diciembre de 1996
Shreveport, Louisiana

Antes de entrar en la escuela secundaria, Faron Young ya estaba tocando la guitarra en una banda de country por lo que, como era de esperar, poco duró después en la universidad. Y es que muy joven se incorporó al Louisiana Hayride donde conoció a Webb Pierce, con el que inició una gira por el sur del país. En 1951 graba «Have I Waited Too Long» y «Tattle Tale Tears» para la independiente Gotham y su inesperado éxito le lleva a ser fichado por Capitol y a ser propuesto para incorporarse al Grand Ole Opry.

El ejército le jugó una mala pasada a Young, ya que fue reclutado para servir en la guerra de Corea, aunque aprovechó el tiempo dedicándose a amenizar el tiempo libre de las tropas. En 1953, por fin y aprovechando un permiso, graba su debut para Capitol, «Goin' Steady», entrando en el

puesto 2 de las listas. Su primer número 1 solo tendrá que esperar dos años gracias a «Live Fast, Love Hard, Die Young». Eso le permite, al volver a Estados Unidos, dedicarse a su otra gran pasión, el cine, apareciendo en una decena de películas. Gracias a un personaje de la primera de ellas, en la que interpretaba a un sheriff, se acabó ganando el apelativo de «sheriff del country» o del honky tonk, estilo que desarrolla con especial cariño. Los cincuenta son una buena década y coloca varias canciones en las listas y en 1961 se convierte en uno de los primeros artistas en grabar una canción de Willie Nelson, «Hello Walls», que convirtió en otro número 1.

En 1962 deja Capitol y ficha por Mercury, aunque la cosa no acaba de funcionar, ya que la nueva compañía intenta llevarlo hacia el pop. Sus seguidores no le abandonan pero su carrera parece estancada y más aún cuando en 1965 deja el Opry. Por ello, en 1969 regresa al honky tonk y graba «Wine Me Up», que vuelve a situarlo en los primeros puestos de las listas. También vuelve a aparecer esporádicamente en el Opry pero su relación con la compañía no acaba de funcionar, algo que se repite en los setenta y que le lleva a fichar por MCA en 1979. La cosa tampoco fue bien y no consiguió meter ni una sola de sus canciones para la nueva compañía en el Top 40. Semi retirado en los ochenta, solo actuando en directo, en los noventa lo intenta de nuevo grabando un disco a dúo con Ray Price pero se retira definitivamente cuando se le detecta un enfisema pulmonar. Deprimido por el ninguneo de la industria y por su deterioro físico, en diciembre de 1996 se pega un tiro y fallece al día siguiente.

Neil Young

El búfalo canadiense

Neil Percival Young
12 de noviembre de 1945
Toronto, Ontario (Canadá)

La carrera de Neil Young en solitario siempre ha tenido una doble
vertiente. Por un lado ha desarrollado un sonido eléctrico de puro rock
en el que ha tenido mucho que ver
su unión con el grupo Crazy Horse, pero por otro también ha dado
forma a una serie de discos acústicos
en los que ha desarrollado su pasión
por el folk y el country. De hecho,
no sería descabellado considerar su

disco de debut, titulado con su propio nombre en 1968, como un trabajo de
country rock, algo que podría repetirse, a pesar de contar ya con los rocosos
Crazy Horse como banda, con muchas de las canciones de su continuación,
Everybody Knows this is Nowhere (1969).

Aunque es sobre todo cuando se ha inclinado por trabajos de mayor poso
solista cuando el canadiense se ha mostrado abiertamente country. Entre
esos discos puede destacarse Harvest (1972), una auténtica leyenda en la
que colaboran músicos como David Crosby, Graham Nash, Linda Ronstadt,
Stephen Stills y James Taylor, convirtiéndose en cuádruple disco de platino;
Old Ways (1985), grabado junto a una banda country integrada por Ben
Keith, Anthony Crawford y Rufus Thibodeaux; Are you Passionate? (2002),
en el que se acerca al country-soul gracias a la participación de miembros de
Booker T. & The M.G.'s; Prairie Wind (2005) y su country rural grabado
en Nashville o el divertimento de A Letter Home (2014), grabado en una en
una cabina de grabación de vinilo Voice o-Graph de 1947, propiedad de Jack
White y en el que reinterpreta temas de Willie Nelson, Gordon Lightfoot,
Bob Dylan o The Everly Brothers.

Zac Brown Band

Country para todos los públicos

2002

Dahlonega, Georgia

Ganador de tres premios Grammy y dos Country Music Awards, en su todavía corta carrera Zac Brown Band acumula hasta trece números 1 en Estados Unidos y 3 más en Canadá. Su música representa la cara más comercial del country rock, convirtiéndose de este modo en un fenómeno de consumo masivo.

Formado a partir del propio Zac Brown, estudiante de guitarra clásica que tocaba en grupos de heavy metal, el grupo graba su primer disco, *Far from Einstyne* en 2004, al que seguirá *Home Grown* (2005), antes de dar el salto al estrellato con *The Foundation* (2008). Este último se planta en el puesto 2 de las listas de country y en el 9 de las de rock y es certificado como triple platino tanto en Estados Unidos como en Canadá. A partir de ahí su carrera se explica a través de números 1 (todos sus discos lo serán) y escandalosas cifras de ventas. *You Get What You Give* (2010) se encuentra cerca de los dos millones de copias facturadas, *Uncaged* (2012) está en el millón doscientas mil y *Jekyll + Hyde*

(2015), con menor recorrido, ya se acerca al millón. Denostados por los puristas, poco parece importarle a la banda ese tipo de críticas y siguen adelante llenando estadios y convirtiéndose probablemente en el mejor relevo del fenómeno Garth Brooks.

3. Glosario: Las claves del género

No sería complicado realizar un diccionario sobre terminología relacionada con el country rock. Los subgéneros de la música vaquera ya dan de por sí para un volumen (o varios) completo, por no hablar de discográficas, editoriales o simplemente palabras relacionadas. Quizá lo más difícil es hacer una pequeña selección de todas ellas. Por eso hemos optado por escoger aquellas que se han citado durante la presentación de los artistas esenciales del género y que solo se han tratado de pasada, obviando las que han tenido un mayor tratamiento en lo leído hasta ahora. Atreviéndonos a llamarlas claves del género, ahí va una pequeña muestra de conceptos que deben obligatoriamente sernos familiares.

Glosario

Academy of Country Music. Academia fundada en 1964 en Encino (California) a imagen y semejanza de la Academia cinematográfica de Hollywood. Sus fundadores fueron Eddie Miller y Tommy Wiggins. Pretendía agrupar a los músicos del género además de poner en marcha unos premios que otorgados anualmente entre abril y mayo premian a los mejores artistas del año anterior.

Acuff-Rose Publishing Company. Roy Acuff y Fred Rose formaron esta agencia de publicidad dedicada al country en 1942, Con ellos trabajaron entre otros Roy Orbison, Don Gibson o The Everly Brothers. Lejos de conformarse con el papel de gestión publicitaria y editorial, la compañía acabó fundando su propia discográfica, Hickory Records en la que publicarían discos Donovan, Micky Newbury, Don Everly o Helen Carter.

Austin City Limits. Prestigioso programa de televisión que inicia sus emisiones en el año 1976 y se mantiene activo en la actualidad. Por el mismo, grabado en directo en la ciudad que le da nombre, han pasado Willie Nelson, encargado además de abrir el fuego con el programa piloto, Johnny Cash, Ryan Adams, Dave Alvin y un centenar de artistas más.

Big D Jamboree. Programa de radio mítico dedicado a la música country cuya primera emisión se produjo en 1947 en la emisora KRLD-AM de Dallas, Texas. Durante su primer año de emisión se llamó *The Lone Star Barn Dance*, aunque rápidamente cambiaría su nombre por el que le ha llevado a formar parte de la historia.

Bluebird Cafe. Uno de los locales más legendarios de Nashville. Abierto en 1982 y situado en el 4104 de Hillsboro Pike, muchos artistas country han grabado incluso discos en su pequeño escenario. En 2001 se publicaba un disco grabado en su escenario bajo el título de Together at The Bluebird Cafe y que reunía a Guy Clark, Steve Earle y Townes Van Zandt

Cain's Dancing Academy. Prestigiosa academia de baile especializada en el *linedance*, típico baile en línea de la música country, con sede en Tulsa, Oklahoma. Sigue siendo considerada la mejor academia del mundo para el estilo.

CMT. Cadena de televisión por cable dedicada en exclusiva a la música country, fundada en 1983 y propiedad de MTV Networks. Fundada por Glenn D. Daniels, tiene su sede en Hendersonville, Tennessee, y se considera la subsidiaria country de la prestigiosa MTV.

Country Music Hall of Fame. Versión country del prestigioso Rock and Roll Hall of Fame. Con sede en Nashville, en él se inducen, forma en que se define la aceptación o inclusión, a aquellos artistas considerados esenciales para el género. Desde su creación en 1961 aparte de cientos de artistas, se han incluido más de 200.000 canciones y 500.000 fotografías. Los primeros nombres en pasar a formar parte del Salón fueron los de Hank Williams, Fred Rose y Jimmie Rodgers.

Country Music Magazine. La revista más importante del género y una portada realmente valorada en la que aparecer, es prácticamente garantía de éxito. Por la misma han pasado Johnny Cash, Willie Nelson, Brad Paisley o Luke Bryan. De carácter bimensual, se fundó en 1973 y dejó de publicarse en 2003 pasando a tener únicamente versión en web.

Farm AID. Festival benéfico anual creado por Willie Nelson, Neil Young y John Mellencamp en 1985 en favor de los agricultores que podían perder sus granjas por culpa de las hipotecas. El origen es un comentario de Bob Dylan en el Live AID del mismo año en el que aseguraba que «espero que parte del dinero pueda ser destinado a granjeros americanos en peligro de perder sus granjas por deudas hipotecarias». En sus diferentes ediciones han participado Emmylou Harris, Lyle Lovett, Glen Campbell y un larguísimo etcétera.

Gilley's Club. En 1971, Mike Gilley funda en Pasadena (Texas) este local mítico que se convertirá en el escenario central de la película *Urban Cowboy* y que se considera uno de los templos del country en Texas.

Grand Ole Opry. Programa radiofónico de música country más antiguo de Estados Unidos. Su base es el teatro Opryland en Nashville. Cualquiera que quisiera ser algo en el country tenía que pasar por su escenario. Durante dos años fue conocido como *The WSM Barn Dance*, aunque rápidamente modificaría su nombre. Su primer eslogan lo dice todo: «la demostración de lo que hizo famosa a la música country».

Lousiana Hayride. Programa de radio activo entre 1948 y 1960 por el que pasaron Hank Williams y Elvis Presley. Grabado en directo en el Shreveport Municipal Memorial Auditorium, se convirtió en el principal competidor del Grand Ole Opry y por ello, en 2009, fue inducido al Salón de la Fama de Luisiana, siendo el primer programa de radio en conseguirlo.

No Depression. Revista esencial de carácter bimensual aparecida en los noventa que contribuyó al desarrollo del Americana o country alternativo. Toma su nombre del disco del mismo título de Uncle Tupelo y funciona en papel de manera regular entre 1995 y 2008, año en que pasa a convertirse en un magazine online.

Redneck. Término que hace referencia al hombre blanco del interior de Estados Unidos y que a menudo se asocia a un estilo de vida ligado a la música country y al rock sureño. El término proviene de la unión de red (rojo) y neck (cuello) para hacer referencia a la coloración de la piel de aquellos que pasan mucho tiempo al sol.

Ryman Auditorium. Una de las grandes salas del género, ubicada en el 116 de la quinta avenida de Nashville, hogar del Grand Ole Opry entre 1943 y 1974.

Town Hall Party. Programa de radio emitido a partir de 1951 y especializado en country & western, propiedad de la KXLA-AM de Pasadena, California. Durante varios años fue la encargada de transmitir en directo los bailes country que organizaban en Bakersfield y Sacramento Bob Wills & His Texas Playboys.

Troubadour Club. Mítico club angelino por el que pasaron Linda Ronstadt, Buffalo Springfield o los Eagles, entre muchos otros. Situado en el famoso Santa Monica Boulevard, no se puede considerar estrictamente un local de country, aunque las estrellas del género han pasado por su escenario.

Discográficas

American Eagle Recordings. Discográfica independiente originaria de Saint Louis (Missouri), dedicada a pequeños artistas de country de cualquier subgénero. Su logo con un águila sobre una bandera sureña ya anuncia sus inclinaciones hacia ese estilo, aunque no olvida el country en su catálogo.

Arhoolie Records. Pequeña compañía formada en 1960 por Chris Strachwitz básicamente para publicar blues pero que también ha editado a artistas cercanos al country y al folk como Clifton Chenier, Octa Clark o Flaco Jiménez. Apuesta principalmente por el vinilo como formato de edición.

Arista Nashville. Subsidiaria de Sony Music, es la rama country de la misma. Fundada en 1988, en ella editan figuras como Alan Jackson o Brad Paisley, y en el pasado lo hicieron BR5-49, Asleep at the Wheel o Keith Anderson, entre muchos otros. Curiosamente, y a pesar de ser por sí misma subsidiaria de otra discográfica, ha tenido también escisiones con *Career Records*, *Arista Austin* y *Arista Latin*.

Bear Family Records. Una de las más importantes de las muchas discográficas independientes alemanas dedicadas al country rock. Llevan en activo desde 1950 y también publican discos de rock and roll y bandas sonoras. En su catálogo están Willie Nelson, Johnny Cash o Hank Snow, entre otros.

Big Machine Records. Creada en 2005 y distribuida por Universal, esta compañía pasa por ser la discográfica de la multipremiada Taylor Swift. Eso le ha proporcionado, a pesar de su corto tiempo de vida, disponer en su vitrina de siete premios Grammy. En 2007 crearon la subsidiaria Valory Music Group para publicar a artistas menores como Jewel o Justin Moore.

Bloodshot Records. En 1994 nace en Chicago esta discográfica básica para entender la evolución del country alternativo. Waco Brothers, Robbie Fulks o The Bottle Rockets son algunos de sus artistas. Se caracteriza por intentar mantener la relación con sus artistas de manera prolongada.

Bullet Records. Discográfica con sede en Nashville que cuenta en su *roster* con gente como Ray Price y Leon Payne. Aunque existen hasta cinco discográficas con el mismo nombre, es esta, fundada en 1946 en Nashville por Jimmy Bulliet y C.V. Hitchcock y socia de Sun Records, la más longeva de todas ellas.

Capitol Records. Una de las *majors* que más apostaron por la música country, propiedad actualmente del grupo Universal. Fundada en 1920, en su inacabable catálogo se puede encontrar a Dierks Bentley, Darius Rucker, Jessi Colter, Linda Ronstadt y un largo etcétera.

Carnival Music. Pequeña compañía fundada en 1999 en Nashville que intenta hacerse un nombre entre la multitud de discográficas del género a base de humildad y calidad en sus lanzamientos. Entre sus artistas se encuentran Jack Ingram o Brandi Carlile.

CMH Records. Fundada en 1975 en Los Ángeles, esta discográfica está especializada en country tradicional y bluegrass. Entre sus artistas destacan Wanda Jackson, Raúl Malo y Merle Travis y, además, tiene diversas subsidiarias como Vitamin

Records, Crosscheck, Dwell, and Rockabye Baby!

Dualtone Records. Compañía independiente fundada en 2011 por Robinson y Dan Herrington en la que han publicado discos June Carter, Guy Clark o Townes Van Zandt. De la distribución de sus discos se encarga Alternative Distribution Alliance.

Liberty Records. Simon Waronker funda en 1955 esta discográfica por la que han pasado Suzy Boguss, Garth Brooks y Bob Wills. En 1978 fue adquirida por EMI que la mantuvo hasta que en 2012 pasó a Universal y después a Warner.

Lost Highway Records. Sello de raíces distribuido por Universal y hogar en algún momento de Ryan Adams, Tift Merritt o Hayes Carll. Dada la proliferación del género en Australia, en 2014 se abre una subsidiaria en la que publican Paul Kelly, Shane Nicholson o Kasey Chambers.

Mercury Records. Subsidiaria de Universal con sede en Gran Bretaña, aunque fundada en Chicago en 1945. Al ser absorbida por la *major*, la rama country fue asumida por la vertiente europea. George Jones o Tom T. Hall son algunos de los destacados músicos que han publicado bajo su sello.

Monument Records. Fundada en Washington en 1958 y adoptando su nombre del famoso Washington Monument, por esta legendaria discográfica pasaron Kris Kristofferson, Dolly Parton, Willie Nelson o Tony Joe White. Actualmente su catálogo se encuentra distribuido por Sony Music.

New West Records. Espléndida discográfica ubicada entre Nashville, Tennessee, y Athens, Georgia, con un catálogo que incluye a Dwight Yoakam, Steve Earle, Buddy Miller o Mark Olson. La discográfica, además, es la encargada de publicar en exclusiva los discos que surgen de las grabaciones del programa televisivo Austin City Limits.

Sugar Hill Records. Fundada en 1978 en Carolina del Norte, por esta discográfica especializada en Americana (no confundir con la discográfica del mismo nombre dedicada al hip hop) han pasado Nickle Creek, Doc Watson y Ricky Scaggs, entre otros.

Sun Records. En la legendaria discográfica fundada por Sam Phillips en Memphis en 1952 también publicaron mitos del country como Johnny Cash. Permaneció en activo de manera independiente hasta 1968, momento en el que Mercury la adquirió para seguir comercializando su esencial catálogo.

Subgéneros

Americana / Country alternativo. Subgénero del country aparecido en los noventa a partir de grupos como Uncle Tupelo y en el que se fusionan el country con elementos característicos de otros géneros, especialmente el rock. En su desarrollo es vital la existencia de la revista bimensual *No Depression*. Su estrellas son nombres como Ryan Adams, Cracker o The Jayhawks.

Ameripolitan. Subgénero del country en el que prevalecen los elementos tradicionales, pero con un enfoque más contemporáneo. Su máximo exponente es el cantante Dale Watson y de hecho el nombre del estilo surge cuando Phil Doran, su mánager, intenta definir su estilo de música. En 2014 aparecen los premios del mismo nombre.

Bakersfield Sound. Subgénero del country creado por Buck Owens hacia 1950 en el que se huye de las instrumentaciones excesivas para volver a una música sencilla y seminal. Debe su nombre al hecho de haber sido desarrollado básicamente entre 1950 y 1960 en los bares de honky tonk de Bakersfield, California.

Bluegrass. Conocido también como hillbilly en sus inicios, este subgénero del country se caracteriza por lo rural de su propuesta. Bill Monroe está considerado el padre artístico de un estilo que debe su nombre a la zona que se origina, Kentucky y un pequeño sector de Ohio, en el que es muy común la espiguilla o hierba azul (*blue grass*).

Country soul. Fusión entre el country y la música negra. Lo han practicado artistas como Solomon Burke, Hacienda Brothers o Buddy Miller, aunque probablemente debemos considerar que su origen está en los discos de country grabados por Ray Charles en la década de los sesenta y con los que consiguió los primeros puestos de las listas de éxitos.

Cow-punk. Surgido a principios de los ochenta al sur de Estados Unidos, es una mezcla entre el psychobilly, el swamp rock y el country tradicional. Aunque las primeras bandas fueron menospreciadas por el tradicionalismo de Nashville, el género no paró de ganar adeptos desde su nacimiento. Su nombre más reconocido es el de Jason & The Scorchers.

Death country. También llamado Gothic country, es la parte más oscura del género y está fuertemente influido por la literatura gótica. Nombres como los de 16 Horsepower o Those Poor Bastards están a la cabeza del estilo.

Honky tonk. Subgénero del country que enfatiza más el ritmo que la melodía dando preponderancia al piano por encima del resto de instrumentos. De hecho, aunque la primera parte del término, *honky*, se refiere a la forma peyorativa de llamar a los blancos en el siglo XX, la segunda, *tonk*, hace referencia a la marca de pianos William Tonk & Bross. Se considera a Ernest Tubb el primero en grabar una canción del estilo.

Lubbock Sound. Otro subgénero del country que toma su nombre de su ciudad de origen y que en este caso está muy cercano al rockabilly, al estar marcado por la manera saltarina de cantar de Buddy Holly. Mac Davis es su máximo exponente.

Nashville Sound. Es la vertiente más orquestada y sobreproducida del country con el objetivo de destinarse al consumo masivo. A menudo se confunde con el country-pop. Entre 1940 y 1950 desplazó al honky tonk como estilo preponderante gracias a la apuesta de compañías como RCA Records y Columbia Records. En los sesenta desembocó en el llamado Countrypolitan, definido por Chet Atkins como «el sonido del dinero».

Outlaw country. Subgénero aparecido en los años setenta y encabezado por Waylon Jennings y su mujer Jessi Colter en el que se apostaba por un espíritu libre que convertía a los cantantes prácticamente en forajidos. Su máximo apogeo se produjo en los años setenta, especialmente, con algunos de sus nombres esenciales convertidos en auténticas estrellas. Muchos lo consideran la antítesis al Nashville Sound.

Psychobilly. Fusión de géneros que incluye el country, el rock, el punk y el rockabilly. Sus letras se apartan de las habituales del country e incluyen elementos de la ciencia ficción o las películas de terror. El término surge de la canción de Wayne Kemp, «One Piece at Time», popularizada en 1975 por Johnny Cash.

Swamp rock. Influido por el zydeco, el cajun, el blues y el country, el swamp rock podría considerarse un subgénero de cualquiera de ellos. La llamada música de los pantanos del Mississippi debe mucho a la aparición de la Creedence Clearwater Revival en los sesenta y, sobre todo, al nombre de Tony Joe White.

Tex-mex. También llamado conjunto, es un estilo que mezcla la música country con el folklore tradicional mexicano. Su origen se encuentra probablemente en la aparición de Lydia Mendoza, la Alondra de la Frontera, en los años treinta. Quizá el nombre más importante de la fusión de estilos sea Doug Sahm.

Western swing. Este subgénero del country se origina en 1920, combinando elementos de la música western con el jazz de las string bands. Bob Wills está considerado el padre de un género que puso de moda los bailes country, compitiendo en repercusión con los habituales bailes swing.

4. Country rock en España y Sudamérica

El rock americano es posible en castellano

Aunque no todas las bandas que aparecerán en las próximas páginas interpretan música en castellano, el eslogan inventado por Hendrik Röver, líder de Los Deltonos, para definir su carrera en solitario nos sirve a la perfección para ilustrar los grupos y solistas españoles y sudamericanos que han buscado en la música de raíces norteamericana su inspiración.

No vale la pena entrar a hablar, una vez más, del retraso que produjeron en cuanto a la cultura en España los años de dictadura franquista porque es una evidencia palmaria. Discos y libros no cruzaban las fronteras y eso hizo que nombres como Johnny Cash, Hank Williams o Merle Haggard fueran totalmente extraños por estos lares. Apenas unos pocos privilegiados que podían viajar a Francia o a Inglaterra podían hacerse con aquellos singles de 45 revoluciones por minuto en el que unos tipos vestidos de forma curiosa cantaban sobre cosas totalmente ajenas a nuestra sociedad y encima en una lengua que muy pocos, no ya dominaban, sino que ni siquiera conocían.

Evidentemente un papel fundamental para la recuperación de esa inopia lo jugarán los medios de comunicación. La llegada a los micrófonos radiofónicos de Manolo Fernández en 1973, y hoy todavía al pie del cañón con su *Toma Uno* en Radio 3, será clave para la apertura de mentes hacia una música profundamente desconocida. También lo serán, por supuesto, el nacimiento de revistas especializadas como *Vibraciones* o *Star*, semillas del género de la publicación musical en España, o más tarde *Popular 1*, *Rock Especial*, *Rock de Lux* y *Ruta 66*. Nombres como los de Kris Kristofferson, Waylon Jennings o Willie Nelson empezaban a ser más comunes entre los oyentes de música gracias a unas revistas que realizaban realmente un papel apostólico. Como no podía ser de otra manera, la llegada de canales externos como MTV y, algo más tarde, Internet hicieron el resto. El coqueteo con la música de raíces no es algo inhabitual en la historia de la música hispana. Nacho Vegas castellanizaba el «Fare thee well, Miss Carousel» de Townes Van Zandt, y Loquillo se unía a Jaime Urrutia, Andrés Calamaro y Enrique Bunbury para hacer lo propio con «The Man in Black» de Johnny Cash. Enrique Urquijo traducía a nuestra lengua el «These Days» de Jackson Browne en una versión que luego interpretaría en directo Quique González, quien por cierto también convertía a lengua cervantina «Is Your Love in Vain» de Bob Dylan, y Nel-lo y la Banda del Zoco repetían con «Polk Salad Annie» de Tony Joe White. Más ejemplos los encontramos con «Take It Easy» de los Eagles en las voces de La Tercera República o «Jambalaya» de Hank Williams por Los Sírex o Los Felinos. Por no hablar, como anécdota, del mismísimo Johnny Cash cantando en un ininteligible castellano su célebre «Ring of Fire» en una idea que vale la pena olvidar. Pero esos son casos puntuales. Muchos han sido, eso sí, los músicos castellanoparlantes que han construido su carrera sobre la música de raíces con mayor o menor fortuna. Algunos, beneficiados por los nuevos tiempos, han tenido un acceso más fácil a lo que se cocía en los *States*, pero tampoco debemos olvidar a aquellos que apostaron por un estilo casi desde el desconocimiento, basándose a veces en el sonido de un solo disco o incluso una canción. Es de justicia hacer un repaso totalmente subjetivo a algunos de ellos.

Bantastic Fand

Desde Roquetas de Mar (Almería) llega esta banda que en 2014 publica su disco de debut, *Strong Enough to Refuse*. Influidos por el rock americano de los noventa y de principios de este siglo, tiene su origen en la sociedad creativa que forman Nacho Para y Paco del Cerro. Juntos empiezan a tocar en los ochenta como Travelin' Band, llegando a grabar un disco a mediados de los noventa. También juntos se trasladan a Barcelona y forman The Rivertones, nombre con el que actúan en el Festival Doctor Music de Escalarre en 1997, compartiendo cartel con Bob Dylan o Patti Smith. Dejan Catalunya de nuevo con el cambio de siglo y forman The Van, preámbulo de lo que será Bantastic Fand. Con Tom Petty, Gram Parsons o The Byrds como alguna de sus referencias más claras, en 2016 llega su segundo larga duración, *Welcome to Desert Town*.

Th' Booty Hunters

Aunque su música bebe del country outlaw, el bluegrass y hasta el metal, ellos no dudan en definirse como los reyes del garrulograss. Originarios de Gavà y Viladecans, poblaciones a escasos kilómetros de Barcelona, en 2011 publicaban *Brothers in Farms*, un espléndido tratado de mezcla de géneros, en 2013 hacían lo propio con *Chernobilly* y en 2015 *Wild and Drunk*, incluido en algunas de las listas de los mejores discos nacionales del año.

Caballo Dorado

Probablemente el grupo de country más reconocido de todo México sea Caballo Dorado, creado por el violinista Eduardo Gameros en 1986. Su música desde un principio se caracterizó por inclinarse por la parte más bailable del country, algo que se refleja en 1994 cuando graban su primer disco, *Carretera 54*. En él incluyen la versión en castellano del «Achy Breaky Heart» de Billy Ray Cyrus, convertida en «No Rompás más mi Pobre Corazón» que como single llega a alcanzar el medio millón de copias vendidas.

Cánovas, Rodrigo, Adolfo y Guzmán (CRAG)

Juan Robles Cánovas, Rodrigo García, Adolfo Rodríguez y José María Guzmán forman en los setenta una de las bandas más importantes de la música nacional, por calidad y por influencia futura. Unidos en 1974 tras salir de otras bandas como Los Módulos, Los Pekenikes o Los Íberos, su primer disco, *Señora Azul*, publicado ese mismo año, está considerado uno de los mejores álbumes de la historia del pop español aunque fue un fracaso comercial. Pocos parecieron entender en aquel momento el valor de sus arreglos y sobre todo unas armonías vocales que los emparentaban directamente con Crosby, Stills, Nash & Young. Su segundo disco, *Queridos Compañeros*, tardará cuatro años en llegar y para entonces la magia se había perdido.

Conjunto San Antonio

Que en Almendralejo (Badajoz) exista una banda dedicada a los sonidos más fronterizos norteamericanos y mexicanos no deja de ser curioso. Formados en 1996 reúnen en su nombre las características de su música: el conjunto y Texas. Fuertemente influidos, por supuesto, por Los Lobos, Doug Sahm, Dwight Yoakam o los Texas Tornados, en 2015 publicaban un grandes éxitos que recogía lo mejor de sus cuatro discos editados.

Dead Bronco

Mis amigos me llaman Bronco era un conjunto de nueve músicos que to-caban en las calles de Getxo hasta que su líder, Paco Sánchez (de nombre verdadero Matt Horan), nacido en Florida, decide reducir la formación y cambiar el nombre por el de Dead Bronco. En 2013 publican *In Hell*, en el que mezclan el bluegrass y el country tradicional con el punk y el rockabilly. Un año antes habían ganado el premio al Mejor Videoclip en Cinemad y son citados por la cadena británica BBC como uno de los grupos revelación del año. En 2014 publican su segundo trabajo, *Penitent Man*, y las críticas vuelven a ser muy favorables. En 2015 se alzan con el primer puesto de los Premios Rock Villa de Madrid.

Desperados

Fernando Martín y Guille Martín son la base sobre la que se construye Desperados, aunque curiosamente serán los últimos en llegar al grupo tras formar parte de Números Rojos. En 1986 publican su primer mini-LP pro-ducido por Juanma del Olmo (Elegantes) y ya dejan claro que sus influencias están bastante más allá de nuestras fronteras. El country, el rockabilly, el folk o el surf son los géneros que cultivan y que reflejan en *¿Qué Hay de Nuevo Viejo?* (1986). Su siguiente trabajo será *El Golpe* (1989) y poco después editan un single con «Flores Muertas», su versión del «Dead Flowers» de The Rolling Stones que les da cierta repercusión. Su último trabajo llegará en 1990 con *Tan alto como nos dejen, tan fuerte como podamos*. El grupo se separa aunque en 1997 los hermanos Martín vuelven a reunirse bajo el nombre de Neverly Brothers y graban un disco, *Solos o en compañía de otros*, que Efe Eme reedita en 2015 y en el que participan Andrés Calamaro, Ariel Rot y José María Granados.

Dinamita Pa' los Pollos

El fanzine *Nervous Breakdown* es esencial para entender el nacimiento de Dinamita Pa Los Pollos en 1986. Al frente de él estaba Javier Zategui, líder además del grupo Los Jefes en el que también estaba el guitarrista Roberto Mata y que se dedicaban a tocar temas a medio camino entre el country y el rockabilly, mostrando sus inclinaciones hacia todo lo redneck. El grupo lo completan Reyes Torío, Nela Rodríguez, Óscar Calleja y Miguel Labanda. Gracias a la recomendación de Juan Ramón Viles, batería de Duncan Dhu, graban su primer disco *Bienvenidos al Gallinero* (1987), en el que se inclinan por el psychobilly cargado de letras divertidas. Tras pulir algo más su sonido y acercarse al country editan *No molestes a Pa' Cuando Está Trabajando* (1988) y un año después *Pura Dinamita*, con el que llegan a ser disco de oro antes de que llegue *Sin Rodeos* (1990), su disco más country, y se separen en 1992 tras *Juntos y Revueltos*.

Driver 8

Este sexteto de El Puerto de Santa María fue una de las bandas que más claramente apostaron en los noventa por unirse al sonido Americana que se estaba dando al otro lado del Atlántico. No pasan de un disco pero su resultado es excelente. Bajo el título *Stay Around* publican once canciones que probablemente no hubieran desentonado en un disco de The Jayhawks.

Evil Mr. Sod

Evil Mr. Sod es el nombre tras el que se esconde Pablo Rodríguez, un canario afincado en Alemania y enamorado de la música de Hank Williams y

Johnny Cash. Su debut discográfico se produce en 2003 con las 21 canciones de *Healthy Deal* y en el que queda totalmente definido su estilo crudo y seminal. En 2007 consigue ganar el Festival Emergenza Acoustic en Alemania y comienza a girar por toda Europa mostrando su alta capacidad interpretativa que completa su rotunda voz. Sería casi imposible repasar su discografía, cercana ya a las veinte referencias, pero podemos destacar sus trabajos junto a la banda canaria Keiko, *Weekend* (2013), formando parte de Mariachi Los Svensson, o en solitario con *Devil's Right Hand* (2008) o el más reciente *Still Alive And Well* (2015).

The Fakeband

Estos cinco tipos de Getxo debutan en 2011 con *Too Late Too Bad* y la revista *Ruta 66* lo escoge como tercer mejor disco nacional del año. Su espíritu amable y sus juego de voces los emparentan rápidamente con The Jayhawks o Band of Horses, algo que se confirma cuando en 2014 editan *Shining on Everyone*. El grupo se convierte rápidamente en una de las grandes esperanzas del Americana nacional, cosa que lleva a que sus dos discos sean reeditados en vinilo en 2015.

Los Felinos

En 1972, los hermanos Maldonado, Xavier, Gerardo, José Luis y Vicente «Paisa», originarios de Zacapu, forman en Ciudad de México este grupo que mezcla el estilo chicano con el country tradicional. No en vano uno de sus grandes éxitos es una versión del «Jambalaya» de Hank Williams. Adaptaciones de Marty Robins («El Paso») o la siempre recurrente versión de Billy Ray Cirus, igual que Caballo Dorado, son otras de sus aportaciones a las listas de éxitos.

The Freewheelin' Tornados

Esta banda barcelonesa pirrada por Neil Young, Doug Sahm y cualquier cosa que sonara a americano debuta con *Let's Everything* (2005), un disco producido por el entonces miembro de Sol Lagarto, Álex Vivero. Comparten escenario con músicos foráneos como Jonny Kaplan o Eric Ambell y en 2007 publican su segundo disco, *Acapulco Gold*, mucho más maduros y compactos dejando que a su rock americano se sumen influencias del country, el góspel y el blues. Poco antes de editar el disco abren show en la capital catalana para Cracker durante la gira de presentación de su disco *Greenland*.

La Frontera

Treinta y un años lleva el grupo comandado por Javier Andreu y Tony Marmota al pie del cañón con su country rock en castellano. Tras el single «Duelo al Sol» (1985) debutan grabando para Polydor un disco titulado como la banda, poblado de magníficas canciones como «La Ley de la Horca». Le sigue en 1986 *Si el whisky no te arruina las mujeres lo harán*, donde se incluye «Judas el Miserable», y un año después *Tren de Medianoche*, con «Siete Calaveras» o «Mi Destino». Pero su gran éxito llega con su siguiente paso, *Rosa de los Vientos* (1990), en el que aparecen «El Límite» y «Juan Antonio Cortés». Aunque a veces han intentado acercar su proyecto más al pop, el grupo siempre se ha mantenido fiel a una estética y un sonido western-rock que mantienen en la actualidad, tras doce discos en estudio, el último de los cuales aparecía en 2011 titulado *Rivas Creek*.

Quique González

Madrileño al que muy pronto se le colocó la etiqueta de esperanza del rock americano facturado en España, Quique González ha desarrollado una carrera marcada por la honestidad y la fidelidad a sus principios. Gracias a eso ha conseguido una legión de seguidores que apuestan por su música, por otro lado, cargada de calidad. González ha dejado hacer con cuentagotas las influencias country en su música, aunque canciones como «Pájaros Mojados» o «Te lo dije» se han vestido con arreglos vaqueros en directo. Quizá su máximo acercamiento a la música de raíces, eso sí, se produce cuando graba dos discos como Daiquiri Blues (2009) y Delantera Mítica (2013) en Nashville, bajo la producción de Brad Jones y con músicos del calibre del mítico Al Perkins (Gram Parsons), Bryan Owings (Emmylou Harris) o Ken Coomer (Wilco).

Grupo Salvaje

Tomando el nombre de una de las mejores películas de Sam Peckinpah, esta banda que bebía por igual de The Byrds que de Johnny Cash, Lou Reed o Link Wray era uno de los engendros más interesantes que ha dado la música nacional en los últimos años. Separados en 2014, habían debutado en 2003 con In Black We Trust, un álbum de country tan oscuro como original. Le sigue en 2006 Aquí Hay Dragones y en 2013 III. Lastrados probablemente por la incomprensión de su propuesta se separan un año después aunque a día de hoy, muchos de los que los que los conocimos, seguimos añorando su propuesta.

Hickory Wind

Tomando el nombre de la legendaria canción de Gram Parsons, nace esta banda uruguaya que curiosamente no basa su sonido en el country cósmico del de Florida, sino que apuestan por sonoridades cercanas al bluegrass, utilizando como apoyo instrumental básicamente banjo, mandolino, violín y dobro. Originarios de Montevideo, en 2012 publicaban *Bluegrass Heart Band* y se definían como la única banda uruguaya de bluegrass.

Holy Cows

Gracias a los asados y a la cultura campestre se produce la unión de estas cuatro chicas de Buenos Aires que son capaces de combinar en su repertorio canciones de Johnny Cash, Django Reindhart o Wayne Hancock. Clara Testado, Patricia Méndez, Trinidad López y Rosario Abeza debutaban en 2015 con su primer disco, en el que incluían sendas versiones del hombre de negro y Big Sandy. Ellas mismas se atreven a definir su propuesta como «country barrial».

Inblauk

No cualquier músico nacional puede ir por ahí diciendo que ha ganado el premio Texas Sounds International Country Music Awards como mejor artista masculino del año, y el salmantino Inblauk lo hizo en 2014. Igual que también hizo con el Amazing Artist Award, concedido por la agencia Green Music Scene de Texas. Dos discos han visto la luz hasta la fecha con su country rock acústico: *Wild Way*, publicado en 2010, y *Love & Dust*, publicado en 2012.

La Gran Esperanza Blanca

Aunque son de Valencia, La Gran Esperanza Blanca nace en Mallorca mientras Cisco Fran y Fede Ferocce cumplen el servicio militar en 1986. En 1987 cambian por primera vez de formación, algo que sucederá varias veces en su dilatada historia y empiezan a publicar diversos EPs, a participar en recopilatorios y a colaborar con otras bandas. Aunque sus influencias van desde Neil Young a Muddy Waters, Jesse Fuller o Jimmie Rodgers, es Bob Dylan el faro que ilumina su camino y en 2008 publican *Dylanita*, un disco íntegro de versiones en castellano del músico de Duluth. Entre sus muchos lanzamientos cabe destacar *Medicine Show* (1998) y *Tren Fantasma* (2015).

Los Locos del Oeste

Este grupo integrado por Mario Cobo (ex Nu Niles), Xavi Carajillo y El Lega se jacta de que su propuesta mira más allá de los años cincuenta. De hecho completan su nombre con el eslogan «y su loco country-jazz». Hasta la fecha únicamente han publicado un par de EPs pero ya se han hecho merecedores de la atención de la prensa musical. Sus influencias no pueden estar más claras: Chet Atkins, George Barnes, Bob Wills o Spade Cooley son algunas de ellas. Recientemente, además, han incorporado a su formación la batería de Blas Picón (Blas Picón & The Junk Express).

Monkeyness

La cosa nace de un viaje a San Francisco de estos jóvenes argentinos que aprovechan para impregnarse de todos los sonidos del country californiano. De vuelta a su Buenos Aires natal, deciden formar esta banda para dar rienda suelta a su pasión por The Byrds y las letras de Jack Kerouac, por lo que su sonido se inclina por un country-folk claramente acústico, en el que las armonías vocales juegan un papel fundamental. Tras un EP de debut en 2012, en 2014 lanzan su primer larga duración que los lleva a girar por todo el país.

Partido

The Lost Sessions 1999-2003 (2010) es el primer disco del proyecto grupal de Víctor Partido, un álbum en el que se recogen grabaciones realizadas junto a miembros de Selenitas, Sidonie, Ovni o Los Reservas. Aunque fue *Leaving All Behind* (2012) el trabajo que los pondría en boca de todo el mundo con su country folk influido por nombres como Clem Snide o Damien Jurado. En 2013 publican el fantástico mini LP *Jesus* y en 2014 llega *The Ruins*, un álbum en el que oscurecen su propuesta desmarcándose de sonidos americanos e inclinándose por algo más oscuro en la línea de Echo & The Bunnymen o Joy Divison.

Tomeu Penya

Este mallorquín de Villafranca de Bonany es probablemente uno de los exponentes más claros de la apuesta de nombres nacionales por el country. Ha desarrollado toda su carrera en mallorquín, acercándose a la treintena de discos publicados desde que en 1980 debutara con *Tomeu Penya a la Vila*. Aunque será el segundo trabajo, *Càrritx i Roses* (1982), el que le dará notoriedad en la Isla. Su mayor éxito llegará en 1994 con la canción «Illes Dins un Riu», incluida en su disco *Una Aclucada d'Ull*, con la que alcanzará el puesto número 1 de las ventas en catalán. El tema es una adaptación traducida de «Islands in the Stream», compuesta por The Bee Gees pero popularizada por Dolly Parton y Kenny Rogers en 1983, número 1 en seis países y ganadora de dos premios Grammy.

The Pilgrim Rose

Nacen en Gijón y lo suyo es el bluegrass más tradicional marcado por los juegos de voces y la ausencia de instrumentos eléctricos. En 2010 publican el mini LP *Turns Winter Into Spring*, al que sigue un par de años después su primer larga duración, *Brighter Days Will Come*, grabado en los estudios Guitar Town, propiedad de Hendrik Röver. Eso permite que la banda entable una relación con el músico cántabro-alemán que les llevará a grabar juntos *Cantan*, también publicado en 2013. Además Röver y Juanjo Zamorano, su cantante principal, empezarán a tocar en directo juntos, lo que acabará con el asturiano de nuevo en Guitar Town para grabar su primer disco en solitario, publicado a finales de 2015 y con el aroma a *songwriter* impregnado en profundidad.

The Riff Truckers

Formados en 2005 en la localidad vizcaína de Ea, The Riff Truckers facturan un rock & roll con evidentes influencias de la música country. Graban su primer disco en 2009 bajo el título de *On Route* con ocho temas que se mueven entre el blues rocoso y el country rock. En 2013 repiten con un nuevo trabajo en el que se refleja la evolución de la banda hacia sonidos más crudos sin dejar de lado esos guiños a las raíces marca de la casa. Ese *Healing the Soul* es hasta ahora su último disco.

Hendrik Röver

Aunque la carrera de Los Deltonos se inicia en 1986, no será hasta *Sólido* (2003), su quinto disco, y sobre todo el siguiente, *GT* (2005), que muestren su acercamiento al country rock, estando enfocados sus primeros trabajos más hacia el blues. A partir de ese momento la banda introducirá detalles procedentes del honky tonk o el hillbilly en el resto de sus discos. Aunque si alguien se ha caracterizado por apostar por esos sonidos ha sido su líder, Hendrik Röver en su carrera paralela en solitario. En 2008 se inicia con *Barnsongs*, un disco que incluye versiones en inglés que acabarán traducidas en sus propios trabajos futuros y con el single «El Espíritu de Buck Owens». El mismo año lanza *Esqueletos*, su primer LP en solitario con el aroma evidente a Johnny Cash, George Jones o Hank Williams. En 2010 publica el mini LP *Hendrik Röver & la West Bluegrass Band*, que desde su título deja claro por dónde van los tiros y casi al unísono su segundo largo, *No Temáis por Mí*, espléndido a todas luces. En 2013 se une con la magnífica banda de bluegrass de Gijón The Pilgrim Rose y lanzan *Cantan*, en el que combinan versiones con temas propios. Ajeno al cansancio, el mismo año publica dos discos más con su nombre, *Norte*, cercano al bluegrass y el folk rústico, y *Oeste*, más country rock. Su último trabajo hasta el momento es *Incluye Futuros Clásicos* (2014), en el que acompañado de Los Míticos GT's versiona a NRBQ y John Hiatt, además de ofrecer la dosis habitual de temas propios.

Gloria River Band

Formados en 2012, esta banda liderada por la mexicana Gloria River incluye en su estilo retazos de música norteña, aunque siempre intentando no alejarse de las raíces norteamericanas. Con seis discos a sus espaldas, sus grandes éxitos en forma de canción son «Fue todo contigo» y «Nadie ni Nadie», temas que les permitieron abrir los conciertos celebrados en México pro algunas estrellas del country rock como Kenny Chesney o Terry Clark.

Salto

Con solo un disco publicado, en 2015, Germán Salto se ha ganado por derecho propio estar en esta lista. Y eso que en su debut tira de country alternativo pero también de psicodelia o incluso power-pop. Todo cabe en la música de este madrileño nacido en 1984, aunque es evidente que el peso de Neil Young en sus diferentes mutaciones tira y mucho. Se confiesa deudor de Bob Dylan y del *Sticky Fingers* de The Rolling Stones y cuando escribo estas líneas acaba de publicar un nuevo single, «Signs / Love (keeps dying in you)» (2016).

Sangui

Townes Van Zandt o Guy Clark tienen mucho que decir en la música de Sangui. Su primer disco, publicado en 2015, responde al título de *By the side of the road* y en él encontramos country-folk preciosista en la línea de los grandes escritores de canciones del género. Su carrera en solitario acaba de empezar en lo discográfico, pero Sangui lleva muchos escenarios a cuestas en los que muestra todas las habilidades de los trovadores del otro lado del charco. Historias que deben ser cantadas y contadas.

Los Secretos

Acusados de demasiado dulces o directamente de babosos, Los Secretos es una de las bandas probablemente más incomprendidas de las surgidas en este país en los ochenta, quizá por sus grandes influencias externas. De hecho el grupo nace de la desaparición de Tos, claramente influidos por el country rock. Enrique Urquijo, su líder, mostrará especial devoción por la música hispano-americana, con especial cariño por las rancheras, pero también por el country norteamericano. Repasar toda la carrera de Los Secretos, igual que en el caso de La Frontera, sería casi imposible, pero debemos destacar que la banda vivió una etapa especialmente country cuando en 1986 publican el mini LP *El Primer Cruce*, tremendamente influido por la etapa de Gram Parsons en los Flying Burrito Brothers, y en 1987 el disco *Continuará*. Tras ellos su sonido se alejará del country rock y solo se observarán algunos retazos en su música.

Joana Serrat

Nacida en Vic, en la comarca catalana de Osona, Joana Serrat apuesta por el intimismo de la música de raíces desde que en 2011 debuta con *The Relief Sessions*. Rápidamente y a pesar de la rémora de cantar en inglés, se hace un hueco en las principales publicaciones del estado, lo que la lleva a fichar por El Segell del Primavera que editará su siguiente trabajo, *Dear Great Canyon* (2014), en el que cuenta con músicos habituales en discos de The Wooden Sky o Vic Chesnutt. Su tercer trabajo, *Cross the Verge* (2016), la confirma como una de las propuestas más firmes del panorama nacional, reincidiendo en su country-folk para corazones sensibles.

Nat Simons

Considerada la versión hispana de Joni Mitchell, Natalia García, más conocida como Nat Simons, debuta en 2013 con el LP *Home on High*. Un año antes había participado en el Festival Primavera Sound y en 2015 hará lo propio en el Huercasa Festival compartiendo cartel con Emmylou Harris, Rodney Crowell y Laura Cantrell, entre otros. Ese mismo año publica el EP *One Man*.

Smile

Este grupo de Getxo liderado por el británico John Franks apuesta por un country-folk muy cercano al pop que hace de sus discos amables sucesiones de canciones ideales para tardes soleadas. Debutaban en 2007 con el luminoso *Painting the sun one color*, al que seguía *All Roads Lead to Shore* (2010), probablemente su mejor disco hasta la fecha, y después *Out of Season* (2013), otro trabajo optimista que quizá se acerca más a sonidos folk. Desde entonces no han parado de girar por todo el país.

Sugar Mountain

De Pontevedra surgieron Sugar Mountain, un quinteto espléndido que cumplía todos los cánones del rock americano o el country alternativo, tanto da como se quiera llamar. Liderados por Javier Ruano, se forman en 1999 y en 2004 publican su primer LP, *Hand Crafted Tunes*, producido nada menos que por Dan Baird (The Georgia Satellites) y que contiene una de las mejores canciones en clave raíces que se han hecho en este país, «Hippie Girl». En 2006 llega su segundo trabajo, *In The Raw*, encargándose esta vez de la producción Eric «Roscoe» Ambel (The Del-Lords, Steve Earle), de la mezcla Greg Duffin (Robbie Fulks, Wilco) y de la masterización Scott Hull (Bruce Springsteen).

Johnny Tedesco

Uno de los nombres más grandes del rock argentino es el de Johnny Tedesco, pseudónimo tras el que se esconde Alberto Felipe Soria, integrante del llamado Club del Clan junto a gente como Palito Ortega o Violeta Rivas.

Combinando su carrera musical con la de actor, Tedesco consiguió convertirse en una especie de Elvis argentino y aunque nunca realizó discos claramente inclinados hacia el country, sí que dejó que la influencia de la música vaquera se reflejara en su música.

Adrian Tigen & The Pampa Pioneers

Originario de Buenos Aires y con Brad Paisley como gran referencia, Adrian Tigen canta country tradicional en inglés desde que debuta en 2003 con el EP *Just an EP*. Su amor por el country le llevó a ser elegido para encargarse de la producción del disco conmemorativo del décimo aniversario del San Pedro Country Music Festival, el evento de música vaquera más importante de Argentina.

Wild West

Apodados el mejor grupo de música country de todo México, tienen su origen en la pequeña población de Saltillo. Fundados nada menos que en 1978, su música se basa en la combinación de canciones tradicionales del country norteamericano traducidas, a las que se unen sus propios temas, en los que incorporan elementos de su propia cultura.

5. 50 discos esenciales del country rock

En este caso el dicho «no son todos los que están pero están todos los que son» es perfecto para definir una lista en la que, evidentemente, faltan muchísimos discos, como merece un género con tantos años de historia como el country y su relación con el rock, pero en la que los que están se convierten en una buena muestra de excelencia sonora. En algunos casos, sobre todo en lo que respecta a clásicos más antiguos, donde se apostaba por el single como principal formato de publicación, se ha optado por recopilatorios que abarquen buena parte de la carrera de sus autores.

Buck Owens and His Buckaro
Carnegie Hall Concert (Capitol. 1966)
Magnífica ocasión para descubrir de lo que eran capaces en directo Buck Owens y su banda. Uno de los grandes discos en vivo de la historia de la música country, imprescindible en cualquier colección.

Buffalo Springfield
Buffalo Springfield (Atco Records. 1966)
El debut de Buffalo Springfield fue una cima que la propia banda nunca lograría igualar en su corta existencia. Un disco seminal del que florecieron un montón de proyectos y carreras esenciales de la música de nuestro tiempo.

Merle Haggard
I'm a Lonesome Fugitive (Capitol. 1967)

Publicado por Capitol Records, en sus escasos treinta minutos muestra a uno de los grandes de la música country en su mejor estado de forma. El tercer disco de su carrera en ese momento.

Jerry Lee Lewis
Another Place, Another Time (Mercury Records. 1968)
Es curioso que el célebre *The Killer* obtuviera sus mayores réditos no con el rock and roll sino con el country, al menos en lo que a ventas se refiere. Oyendo un disco como este es perfectamente comprensible. Una auténtica maravilla.

Johnny Cash
At Folsom Prison (Columbia Records. 1968)
Considerado el directo de los directos. El mejor disco en vivo de la mú-

sica country. Una grabación mítica, reeditada hasta la saciedad, pero por la que no parece pasar el tiempo. Para entender a Johnny Cash hay que oírlo en su actuación en Folsom Prison.

Glen Campbell

Wichita Lineman (Capitol. 1968) Doceavo disco de Campbell y otro auténtico fenómeno de ventas. El yerno perfecto que todas las madres querían para sus hijas se despacha aquí con una de sus versiones más conocidas, el tema que da título al álbum, obra de Jimmy Webb.

The Byrds

Sweetheart of the Rodeo (Columbia Records. 1968) Muchos son los que aseguran que este es el disco que supone el punto de partida del country rock. La perfecta unión entre los dos géneros gracias a un grupo con la mejor formación de su historia, Gram Parsons incluido.

The Flying Burrito Brothers

The Gilded Palace of Sin (A&M Records. 1969) La senda marcada por el disco anterior lleva a Gram Parsons a grabar este otro trabajo esencial para entender la fusión de estilos, objeto de este libro. Inconmensurable, pasa por ser el mejor trabajo de la historia de los Burritos.

Townes Van Zandt

Townes Van Zandt (Poppy Records. 1969) Entre muy difícil e imposible se convierte elegir solo un disco de la corta carrera discográfica de Townes Van Zandt. A pesar de su título homónimo, este es su tercer trabajo y muestra toda la sensibilidad que el de Fort Worth imprimía a sus canciones.

Kris Kristofferson

Kristoffersson (Monument Records. 1970) Probablemente más reconocido como autor que como intérprete, la carrera de Kris Kristofferson se forma a partir de discos espléndidos como este cuya primera edición luego se revisaría para incluir el clásico «Me and Bobby McGee».

The Nitty Gritty Dirt Band

Will the Circle Be Unbroken (United Artists Records. 1972) Esencial trabajo de una banda capital para entender de qué va esto del country rock. Es suficiente con repasar la lista de colaboraciones del disco para comprender su calidad: Roy Acuff, «Mother» Maybelle Carter, Doc Watson, Earl Scruggs o Merle Travis andan por ahí.

Waylon Jennings

Honky Tonk Heroes (RCA Records. 1973) Si existe un subgénero como el outlaw country es porque Waylon

Jennings publicó este disco. Una auténtica biblia con canciones memorables y actitud a para repartir.

Billy Joe Shaver
Old Five and Dimers Like Me (Monument Records. 1973)
Un clásico de su tiempo y un clásico del outlaw country, con canciones que acabarían en el repertorio de amigos del artista como David Allan Coe o Waylon Jennings.

Dolly Parton
Jolene (RCA Victor. 1973)
Producido por Bob Ferguson, el decimotercer disco de una de las grandes damas del country incluye dos de sus temas más reconocidos, el que le da título y el archifamoso «I Will Always Love You».

Bill Monroe
Bean Blossom (MCA Records. 1973)
En el caso de Bill Monroe, podríamos haber optado por un recopilatorio, pero este es un disco con la suficiente entidad como para ser destacado por sí mismo. Tiempo después de su explosión, el padre del bluegrass demuestra el porqué de dicha denominación.

Doug Sahm
Doug Sahm and Band (Atlantic. 1973)
Bob Dylan, Dr. John, David «Fathead» Newman, David Bromberg y Flaco Jiménez unidos con el objetivo de hacer famoso a Doug Sahm. No lo consiguieron pero se sacaron de la manga un disco de órdago.

David Allan Coe
The Mysterious Rhinestone Cowboy (Columbia Records. 1974)
Debilidad personal de un servidor, muchos consideran este trabajo un auténtico precursor del cow-punk. Gracias a él, Coe llegó a ser definido como «la versión hilbilly de Marc Bolan».

Linda Ronstadt
Heart Like a Wheel (Capitol. 1974)
El quinto trabajo de Ronsatdt se convirtió en su primer bombazo de ventas. Su publicación le llevó a ser considerada por Billboard como la artista femenina más importante del año. Versiones espléndidas de Hank Williams, Phil Everly y Lowell George.

Willie Nelson
Red Headed Stranger (Columbia Records. 1975)
En mayo de 1975 Columbia publica el que es probablemente mejor álbum en conjunto del outlaw fumeta. Un disco conceptual que, como no, trata de un fugitivo que ha matado a su mujer y su amante.

Guy Clark
Old No 1 (RCA Victor. 1975)
El debut de Guy Clark con un disco de cuya portada se encarga su mu-

jer, Susanna Clark, es una auténtica gema que además incluye «Desperados Waiting for the Train», una canción que por sí sola justifica su adquisición.

Emmylou Harris
Elite Hotel (Reprise Records. 1975)
El tercer disco de Emmylou Harris fue el primero con el que se coló en las listas de éxitos. Fuertemente influido por su relación con Gram Parsons, en sus 12 revisiones de temas ajenos refleja calidad y buen gusto.

Jessi Colter
I'm Jessi Colter (Capitol. 1975)
Magnífico desde su portada, este trabajo es perfecto para reivindicar la música de la reina de los fueras de la ley. Además contiene su famoso «I'm Not Lisa».

George Jones & Tammy Wynette
Golden Ring (Epic Records. 1976)
Podríamos haber escogido discos suyos por separado, pero la carrera de Jones y Wynette como dúo es probablemente la más reconocida en ese formato de la historia del country. Publicado por Epic, el disco fue directo al número 1.

Eagles
Hotel California (Asylum Records. 1976)
Ya eran unos súper ventas cuando editaron este disco y con él llegaron, a pesar de que parecía imposible, todavía más alto. A muchos les cansa su sobreexposición pero es un ejemplo perfecto de lo que significa el country rock.

Johnny Paycheck
Take This Job and Shove It (Epic Records. 1977)
Es curioso que el disco que mejor funcionó en las listas (número 1 en Estados Unidos y Canadá) de la carrera de Johnny Paychek se basara en una canción de su amigo David Allan Coe. La curiosidad pasa a reconocimiento desde la primera vez que lo escuchas.

Hank Williams
40 Greatest Hits (Polydor. 1978)
Con Hank Williams había que hacer trampas. Ante la imposibilidad de quedarnos con un solo disco optamos por este recopilatorio con cuarenta de sus mejores canciones. Y encima encuentras alguna a faltar. Casi nada.

Jason &The Scorchers
Lost & Found (EMI. 1985)
El disco que definitivamente definió qué es el cow-punk. Una de las obras básicas del llamado Nuevo Rock Americano y un auténtico predecesor de lo que vendría después.

Dwight Yoakam

Guitars, Cadillacs, Etc., Etc. (Reprise Records. 1986)
El debut de uno de los músicos jóvenes que más han apostado por preservar la tradición sin olvidar la fusión con el rock. Un artista imbatible como demuestra su primer puesto en las listas ya con este disco inicial.

Uncle Tupelo

No Depression (Rockville Records. 1990)
El álbum que probablemente dio origen a todo un género como es el Americana y que, por supuesto, dio nombre a la revista alrededor de la cual giraría todo el movimiento. Una banda liderada por unos jovencísimos Jay Farrar y Jeff Tweedy.

Garth Brooks

Ropin' the Wind (Capitol. 1991)
Con este álbum Garth Brooks consiguió el espaldarazo definitivo como artista de estadios. Si te dejas de manías disfrutas de principio a fin de sus enormes canciones.

Bob Wills and His Texas Playboys

The Essential Bob Wills 1935-1947 (Columbia Records. 1992)
Otro de recopilatorios. Wills, por temporalidad, publicó pocos discos de larga duración, así que este recopilatorio es excelente para comprobar por qué es uno de los grandes de la historia del country.

The Mavericks

What a Crying Shame (MCA Records. 1993)
Raul Malo y los suyos consiguieron con este disco y la canción que lo titula su primer gran éxito. Un trabajo perfecto de principio a fin y una muestra de rejuvenecimiento en el género.

Jimmie Dale Gilmore

Spinning Around the Sun (Elektra Records. 1993)
Solo por el dueto con Lucinda Williams vale la pena hacerse con él, por no hablar de los espléndidos coros de Joe Ely. Demostrando que con la madurez también se puede alcanzar el punto culminante de una carrera.

Son Volt

Trace (Warner Bros. 1995)
Otro álbum esencial para el Americana. Probablemente el mejor trabajo de Jay Farrar tras la ruptura de Uncle Tupelo. Definiendo el country alternativo ambiental.

The Jayhawks

Tomorrow the Green Grass (American Recordings. 1995)
Arquetipo del disco perfecto, todo está bien hecho en el cuarto disco de The Jayhawks. Su lista de canciones parece un grandes éxitos y la banda se encuentra en el mejor momento de su carrera, sobre todo en lo que

respecta a la unión de Gary Louris y Mark Olson.

Wilco

A.M. (Sire Records. 1995)

Muchos no lo considerarán el mejor disco de Wilco, pero sin duda es el más country de todos ellos. Lejos todavía de las experimentaciones futuras, Tweedy se confirma como un maestro de la canción.

BR5-49

BR5-49 (Arista. 1996)

Un disco de debut de una banda menor, en cuanto a repercusión, pero absolutamente esencial para entender los derroteros por los que caminaba el country rock en los noventa. Sin mácula.

Lyle Lovett

The Road to Ensenada (MCA Records. 1996)

Luminoso disco en el que Lovett tira de country rock, western-swing y honkytonk abandonando la oscuridad de anteriores aunque también espléndidas entregas. El más accesible de su magnífica discografía.

Steve Earle

El Corazón (Warner Bros. 1997)

Un Steve Earle pletórico en un momento de su carrera que muchos esperamos vuelva a alcanzar con una lista de temas insuperables. Viviendo los mejores diez años de su carrera.

Lucinda Williams

Car Wheels on a Gravel Road (Mercury Records. 1998)

La gran obra maestra de la carrera de Lu, y eso es mucho decir. Se trata de su quinto disco y supuso su confirmación como la gran dama del country alternativo. Se llevó el Grammy a mejor disco folk del año.

The Carter Family

Can the Circle Be Unbroken: Country Music's First Family (Columbia Records. 2000)

Como en el caso de Hank Wiliams, es necesario recurrir a un recopilatorio para abarcar todo lo que supone The Carter Family para el country y la música de raíces norteamericana. Un disco que no en vano se estudia en muchas universidades.

Rodney Crowell

The Houston Kid (Sugar Hill Records. 2001)

Crowell tiene una de esas carreras que destaca por la regularidad de su trabajo pero no hay duda de que este álbum, editado por Sugar Hill y en el que colabora su ex suegro Johnny Cash, es uno de sus momentos álgidos. Country rock del nuevo milenio.

Jimmie Rodgers

Classic Sides 1927-1933 (JSP Records. 2002)

Que Bob Dylan lo considere uno de los padres de todo el cotarro tampoco puede ser casualidad. Otro recopilatorio, con un excelente trabajo gráfico, para que no se nos quede nada en el tintero.

Patsy Cline
The Definitive Collection (Universal. 2004)
Perfectamente aplicable lo dicho anteriormente para las 22 canciones de este excelente recopilatorio que muestra lo mejor de otra de las leyendas del country.

Loretta Lynn
Van Lear Rose (Interscope. 2004)
Un talento joven como Jack White recuperando a una de las mujeres más grandes de la historia del country semiolvidada hasta este disco. Porque la sitúa de nuevo en el mapa y porque es excelente tenía que estar aquí.

Buddy Miller
Universal United House of Prayer (Floodlight Records. 2004)
El escudero de lujo tiene una carrera discográfica envidiable. Este es uno de sus grandes discos en el que de paso se define a la perfección de qué trata el country-soul de la nueva centuria.

Ryan Adams
Jacksonville City Nights (Universal. 2005)
Tras dejar Whiskeytown y debutar con el espléndido *Heartbreaker*, Ryan Adams se confirma como la gran figura joven emergente del country rock alternativo. Este séptimo disco en solitario es probablemente uno de los que tiene el country más presente.

Shooter Jennings
Put the «O» Back in Country (Island. 2005)
El vástago del outlaw por excelencia une aquí country y rock de manera espléndida. Probablemente no ha conseguido recuperar desde entonces este nivel, pero tampoco es de extrañar. Incluye el himno «4th of July», en el que participa George Jones.

Hank III
Straight to Hell (Bruc Records. 2006)
El nietísimo, a pesar de lo irregular de su carrera, fue capaz de sacarse este discazo de la manga que consiguió unificar la opinión de público y críticos. Una vuelta de tuerca al country con influencias del metal.

Old Crow Medicine Show
Remedy (ATO. 2014)
El noveno trabajo de esta banda de neobluegrass es un magnífico termómetro del buen estado de la música de raíces actual. Fresco, original y tradicional a la vez, por no hablar de excelentemente interpretado. Magnífico.

Bibliografía y Webgrafía

Muchas son las páginas webs que se han utilizado para la confección de este volumen y sería imposible citarlas a todas, pero no puedo evitar hacerlo con algunas esenciales:

- Allmusic: www.allmusic.com
- Americana Music Association: www.americanamusic.org
- Billboard: www.billboard.com
- Birthplace: www.birthplaceofcountrymusic.com
- CMT: www.cmt.com
- Country Music Hall of Fame: www.countrymusichalloffame.org
- Country Music España: www.countrymusicespana.es
- Saving Country: www.savingcountrymusic.com

Tampoco puedo ni quiero olvidarme de las muchas revistas, tanto en papel como online, que han desempeñado un papel fundamental para la finalización de estas páginas:
No Depression, Uncut, Mojo, NME, Relix, Ruta 66, Rolling Stone, Rock De Lux, Efe Eme, Popular 1

Finalmente, han sido básicos para llevar este proyecto a buen puerto los siguientes libros:

Adelman, Kim. The Girls' Guide to Country: *The Music, the Hunks, the Hair, the Clothes and More!*, Bradway, 1997.

Brown, Charles T. *La Música U.S.A. Country y Western*, Martínez Roca, 1987.

Crumb, Robert. *Mis Héroes Del Blues, Jazz y Country*, Nórdica, 1996.

Eichenlaub, Frank. *All American Guide to Country Music*, Country Roads Press, 1992.

Erlewine, M. *All Music Guide to Country: The Experts' Guide to the Best Country Recordings*, Backbeat Books, 1997.

Gregory, Hugh. *Who's Who in Country Music*, Weidenfeld & Nicolson, 1993.

Handyside, Christopher. *Country (A History of American Music)*, Heinemann Library, 2007.

Jordà, Eduardo. *Hank Williams*, Cátedra, 1992.

Malone, Bill C. *Stars of Country Music: Uncle Dave Macon to Johnny Rodriguez*, Da Capo Paperback, 1991.

Miller, Stephen. *Johnny Cash: The Life of an American Icon*, Music Sales, 2006.

Oermann, Robert K.America's Music: *The Roots of Country*, Turner Pub, 1996.

Porterfield, Nolan. Jimmie Rodgers: *The Life and Times of America's Blue Yodeler*, University Press of Mississippi, 2007.

Richards, Tad - Shestack, Melvin B. *The New Country Music Encyclopedia*, Simon & Schuster, 1994.

Scott, Randy. Country Music Revealed: *True Stories of Boozin', Cheatin', Stealin', Tax Dodgin', and D-I-V-O-R-C-E*, Metrobooks, 1995.

Streisguth, Michael. *Outlaw: Waylon, Willie, Kris, and the Renegades of Nashville*, It Books, 2014.

Tinsley, Jim Bob. *For a Cowboy Has to Sing*, University Press of Florida, 1991.

Trulls, Alfonso. *Country*, Celeste, 1997.

Trulls, Alfonso. *Historia de la música country Vol I*, Fundamentos, 1994.

Trulls, Alfonso. *Historia de la música country Vol II*, Fundamentos, 1995.

Vaughan, Andrew. *Who's Who in New Country Music*, Omnibus Press, 1998.

VVAA. The Complete U.S. Country Music, Boxtree, 1995.

Zwonitzer, Mark. Will You Miss Me When I'm Gone? The Carter Family & Their Legacy in American Music, Simon & Schuster, 1994.

Tracklisting

¿Qué es la música sin música? Detrás de una pregunta tan aparentemente sin sentido se esconde la necesidad que este autor considera de acompañar cualquier lectura musical de la escucha activa de canciones que ayuden a entender mejor todo lo que se intenta transmitir. A fin de cuentas la literatura sobre música debe estar necesariamente ligada a discos que la ilustren. Por eso me he permitido el lujo y he tenido el placer de disfrutar confeccionando esta lista con 250 canciones, a una por artista, que se me antojan esenciales para comprender la historia del country rock. Más de 14 horas de música. De algunos de sus protagonistas se ha hablado en este libro, a otros quizá simplemente se les ha mencionado y algunos ni siquiera aparecen, pero eso no evita que hayan formado parte activa de la historia de la música de nuestro tiempo.

Puedes acceder a esta selección como playlist en la web de streaming musical Spotify, escribiendo en tu navegador de Internet el siguiente enlace:

http://spoti.fi/20QwwlM

En la misma colección:

Soul y rhythm & blues
Manuel López Poy

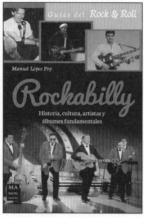

Rockabilly
Manuel López Poy

Dance Electronic Music
Manu González

Reggae
Andrés López Martínez

Heavy Metal
Andrés López Martínez

Hard Rock
Andrés López Martínez

Rockeras
Anabel Vélez

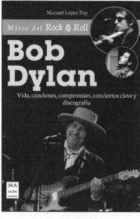

Bob Dylan
Manuel López Poy